中1、一人暮らし、意外とバレない

すがちゃん最高No.1（ぱーてぃーちゃん）

WANI BOOKS

序章 ― 中1、12歳、一人暮らし

ただいま。

中学1年生の俺の声が、幼い頃からずっと住んでいる2階建て5LDKの家屋に虚《むな》しく響《ひび》いた。

返事はない。

部屋は暗い。


しばらく立ち尽くした後、俺は真っ暗な家の中へと吸い込まれるように入っていく。

リビングに向かうと、そこも真っ暗で。俺は自分で電気をつける。リビングは当然ガランとしていた。

そこにいるのは、学生鞄を肩から掛けたまま、ただボーッと突っ立っている俺一人。

実は、この時点で一人暮らしになって数日が経っていたのだが、この日、この瞬間《しゅんかん》、唐突《とうとつ》に、強烈《きょうれつ》に、俺は……

「俺、めっちゃ一人じゃん……」

と、思ったのだ。

その時抱いた感情は、「悲しい」でも「寂しい」でもなく〝混乱《こんらん》〟だった。俺はただただ混乱した。

なんで……一人なんだ？

なんで……こんなことになった？

でも、12歳の少年がどれだけ孤独に混乱しようと、現実は容赦《ようしゃ》ない。今から自分でごはん炊《た》かないと。あ、明日使う体操服洗濯《せんたく》してねえ。朝食べた食器も、ヤべ、明日ゴミの日。掃除……は、だるいからいいわ、もう。

そんな迫り来る容赦ない現実全てから目を背《そむ》けたくて、俺は、ただただ、リビングの床にゴロンと寝転がった。

天井を見つめる。

俺だけを照らす蛍光灯《けいこうとう》。蛍光灯のカバーの中には小さな虫の死骸《しがい》がいくつか見えた。そして、隣の家からは幸せそうな笑い声が、微《かす》かに聞こえた気がした。

これから始まる、圧倒的孤独《あっとうてきこどく》な中学生生活。

そんな絶望的な状況の中、俺は、一人、こうつぶやいた……。

「**なんか、もしかして、今、カッコいいか?**」

中学1年生、12歳の春のことだ。

菅野《すがの》家の人物相関図

山形県の一軒家で
五人暮らし

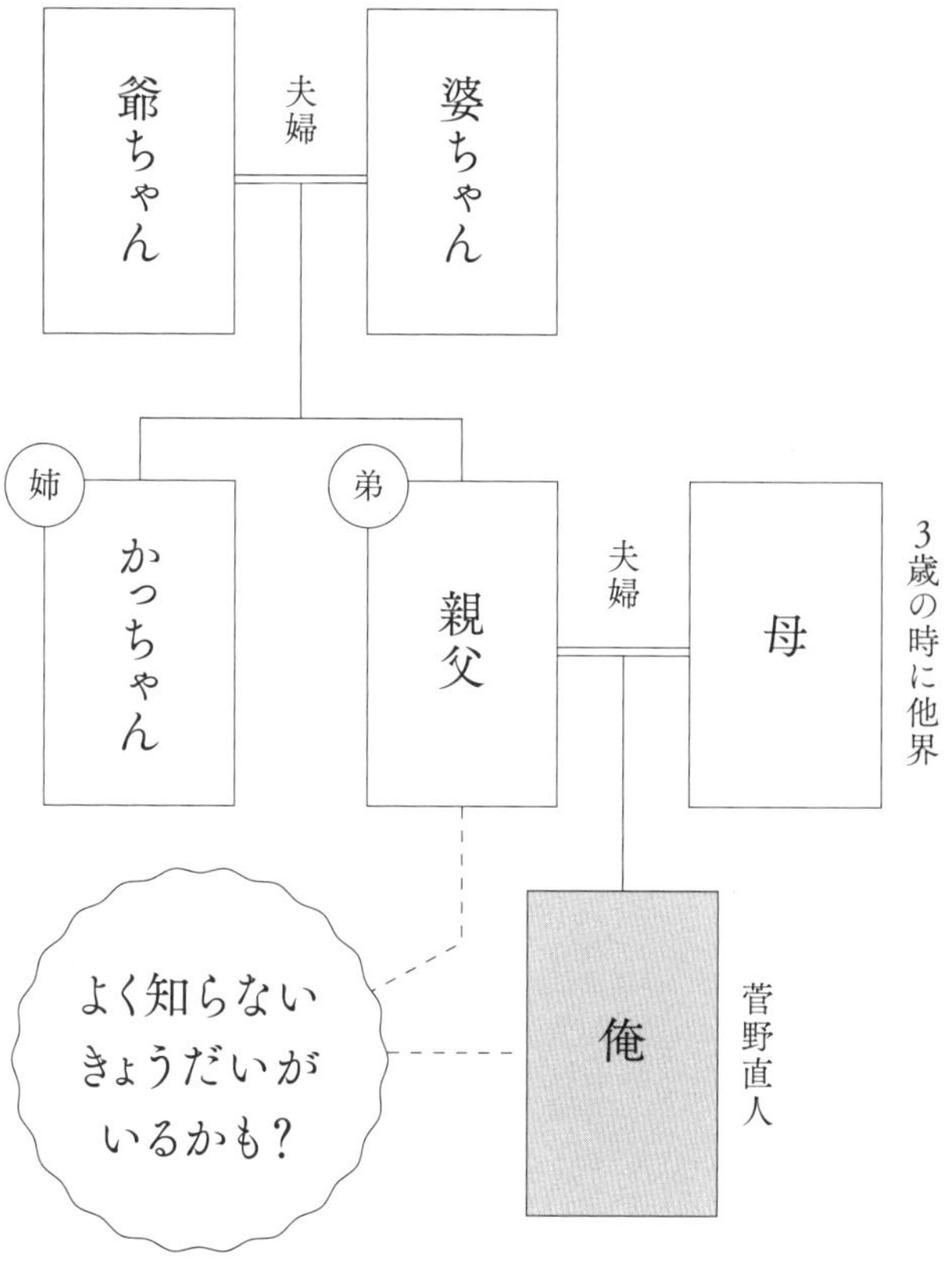

第一章 — 〝カッコつけ〟は家系の呪い

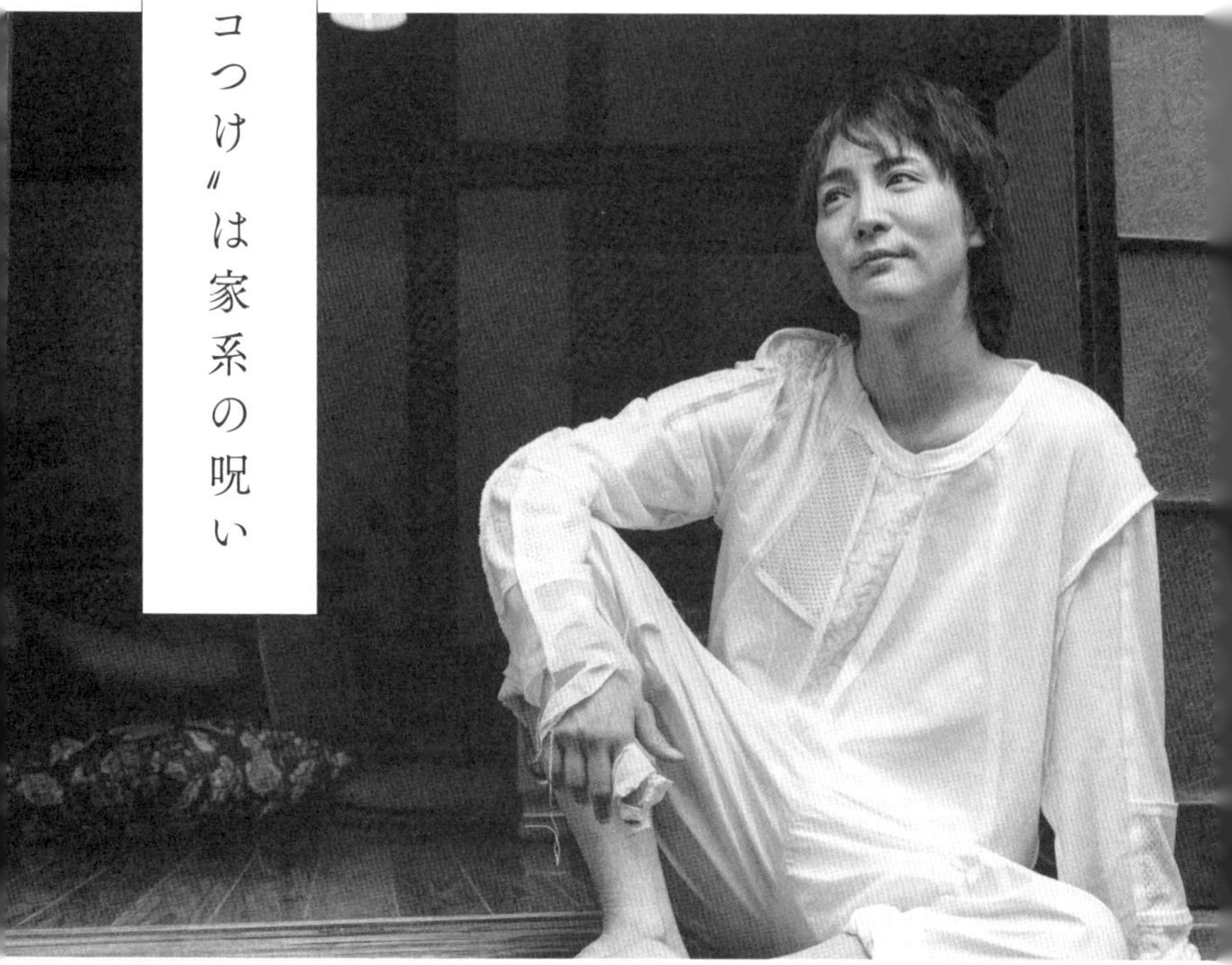

1　オヤジ最低オンリーワン

2019年7月。
27歳になった俺は、
実の父親と、女の子をナンパしていた。

果《は》たしてこの世に何人いるだろうか、実の父親と異性をナンパしたことがある人が。限りなく0に近いのではないだろうか。
ただ、残念なことにうちの父親はそういう〝可能性0%〟のオンリーワンの父親と言えるほどの男だった。

親父のナンパのやり口はこうだ。
親父は当時葛飾《かつしか》に住んでいて、周辺には親父が〝ナンパ用〟に使っているカウンターメインの狭《せば》めの居酒屋が数軒あった。親父は俺をつれて、そのナンパ用居酒屋を順に、外から見て回る。

1軒目を覗《のぞ》き……「次行くぞ」と2軒目へ。2軒目も外から覗き、何がダメだったのかよくわからないが3軒目へ。3軒目を覗き……笑顔になって、「ここだな」と、ようやく中へと入る。

カウンターには二人の明るい感じの女の子が座っていた。

親父は俺と共にカウンターに座る。店が狭いので、女の子の隣に座ったところでなんの違和感《いわかん》も持たれない。

親父はしばらくメニューを見たあと、何げない感じで隣の女の子に、

「なぁ、それ、美味《うま》いか？」

と楽しげに話しかける。のだが、この話しかけ方が、とにかく絶妙！ いやらしさがまるでないのだ。

女の子からすれば、ただの陽気なジジイに話しかけられたくらいにしか思われない。不快感《ふかいかん》はなく、ナンパ臭も全くしない。

そんな親父のナンパで、俺はダシに使われる。

この頃、親父は俺のツッコミをいたく気に入ってくれていた。

親父が女の子に話しかけると、俺は親父に、

「いや、あんま関《かか》わるなよ」

とツッコむ。そのツッコミを利用して、親父はまた女の子に話しかける。それにまた俺がツッコむ。女の子は笑い、親父は俺のツッコミを利用して、いつの間にか自然と当たり前のように、女の子たちの会話に入っていく。

「一緒に飲もうよ」と誘うような野暮《やぼ》なことは決してしない。あくまで自然と、いつのまにか場になじみ、女の子たちは気が付いたら親父と一緒に楽しげに飲んでいるのだ。

このナンパ術で、親父は齢《よわい》60を超えているにもかかわらず、「女の子と飲む」というところをゴールにするならば、70〜80%以上という驚異《きょうい》のナンパ成功率を叩き出していた。

そんな骨の髄《ずい》までナンパの血が流れているのが、俺の実の父親だ。

まぁ、そもそも親父が俺をナンパのダシに使うのは、今に始まったことではない。なんたって俺は小学生の頃から、親父のナンパのダシに使われていたのだから……。

小学1年生の頃。俺は山形に住んでいた。

ある日、とある女子大の前に親父と俺は立っていた。

親父の手には野球ボール。俺の手にはグローブ。よくあるキャッチボールをする微笑《ほほえ》ましい親子の風景だ。

……が、ここからが全く微笑ましくない。

親父はこれでもかというほど思いっきり振りかぶる！　そして、

「ウォオォオラァア！」

と、力の限り、思いっきりボールを投げるのだ。

俺に……ではなく女子大に。

ボールは女子大の塀《へい》を越えて大学内に。これは親父の大暴投《だいぼうとう》、というわけではない。親父の巧妙《こうみょう》かつ狡猾《こうかつ》な作戦なのだ。

本来、女子大は関係者以外立ち入り禁止。ただ、時代もあってか小さい子は侵入可だった。俺はボールを捜しに大学内へ。しばらくウロウロしていると、小さい子が困っているのを見兼ねてか、

「どうしたの？」

と、女子大生が声をかけてきてくれる。

「ボールが……」

と俺が言うと、一緒になって捜《さが》してくれる女子大生。やがてボールを見つけると、たいてい大学の校門まで送ってくれた。

「**ごめんなぁ、うちの息子が〜**」

親父が俺と女子大生の方に近づいてくる。

「おわびに家まで送って行こうか？」

もうお察《さっ》しだろう。これは俺をダシに使った親父の巧妙かつ狡猾な女子大生ナンパ術だ。

女子大生を車の助手席に乗せ、送っていく。その後、言葉巧《たく》みにトークを展開し、笑いをとり、そして連絡先を聞き出し、後々ごはんに誘うのだ。

そもそも親父は所構《ところかま》わず女の子をナンパする男だった。

授業参観に来た時も、カッコつけの親父は、なぜかその日専用に髪を真っ赤に染め、坊主にし、勝負服の革ジャンを着て、教室を香りで塗《ぬ》り潰《つぶ》すほどの香水を撒《ま》いてやってくる。

そして周囲の既婚者《きこんしゃ》である同級生のお母さんをナンパしまくる。

親父にとって授業参観は、格好《かっこう》のナンパ場だったのだ。

改めて文字にすると「本当にあった話か？」と自分でも少し疑《うたが》ってしまう。

ただ当時はこれが日常で俺の中の普通だったのは確かだ。

まぁとにかく俺の親父は、どんな親父より明るくて豪快《ごうかい》で、そして何より破天《はてん》荒《こう》な男だった。

そんな親父に巻き込まれ、俺は、**〝中学1年生にして実家で一人暮らし〟**という事態《じたい》に巻き込まれていく。

2 ―― 家取り戦争

俺の本名は〝真《ま》っ直《す》ぐ〟な〝人〟と書いて「**直人**《なおと》」だ。

真っ直ぐな人間になれ。名前にふさわしい生き方をしろ。

名前に込められたそんな思いとは裏腹に、俺の人生は全く真っ直ぐではなかった。だって俺は中学生にして、否応無《いやおうな》しに一人暮らしに追い込まれることになるのだから。

ただ、なぜそうなってしまうのかを語るには、もう少し親父や、俺を取り巻く他の家族がどんな人物だったのかを知っておいてもらった方がこれからの話がわかりやすいと思う。

小学校低学年の頃、俺は家族五人で暮らしていた。母親は俺が3歳の時に亡くなってしまっていた。

だから家族は俺、親父、親父の姉さん、そして父方の祖父と祖母の五人。この中の俺を除《のぞ》く四人が順番に一人ずつ家から抜けていくことになる。

まず〝1抜けピ・〟したのは、あの親父だった。

そもそも親父は、とにかく自信家で豪快で自分勝手だ。

デカくてゴツゴツしてる感じの男で、死ぬ間際まで、酒もタバコも女もやめなかった。

「酒もタバコも我慢《がまん》したくねぇ」

という理由で、入院を拒《こば》み、それでもどうしようもなくなって入院し、入院した後もずっと看護師さんをナンパし続けた。

そんな親父が入院する前、最後に俺と行ったコンパで、親父が、「俺が好きな女の子と二人きりになれるように、うまいことアシストしてくれ」と言うので、なんとかそうになれるように立ち回った。

後々知った話なのだが、その時親父はすでに癌《がん》で、タマにまで転移しており、手術で取り除いた後だったらしい。

つまり親父は、生涯《しょうがい》のラストコンパを〝タマなし竿《さお》のみ〟で臨《のぞ》んでいたのだ。

親父の女好きは、タマではなく心から溢《あふ》れていたのだ。

そんな親父が五人家族から離脱《りだつ》したのは、俺が小学校3年くらいの時だ。当然、離脱の原因も女絡《がら》み。

俺は親父が家族から離脱した日の出来事のことを、「**家取り戦争**」と呼んでいる。

2000年10月。

どのくらいの期間だったか詳しくは覚えていないのだが、いっとき親父が家に全く帰ってこない期間があった。

ある時、夜7時くらいだっただろうか、親父の車の音が聞こえた。その後〝ジャッ、ジャッ〟と、駐車場のあたりに敷いてある砂利《じゃり》を踏む音が聞こえてくる。これは、俺の中で親父が帰ってきたサインだった。俺は親父を出迎えるために玄関へと向かい、玄関扉を意気揚々《いきようよう》と開けた。だが、そこには……

見知らぬ襟足《えりあし》の長い子供が二人。

と、赤ちゃんを抱え、ダボッとした服を着た、茶髪か金髪かわからない髪の**ヤンチャそうな30歳前後のねーちゃん**が立っていた。

「……いや、誰よ」

と、ツッコもうとしたその時、そいつらが突然、全員でズカズカとうちに上がり込んでくる。

騒《さわ》ぎを聞きつけ、我が家の家族が玄関に集まる。家族全員が混乱していると、ヤンチャそうなねーちゃんの後ろから、ゆっくり堂々と、親父が現れた。

そして、親父は開口一番、

「俺は今日から、こいつらとこの家で住む！」

と言うのだ。

親父は俺の知らない間に、このヤンチャそうなねーちゃんと結婚していた。

親父は、ヤンチャそうな新妻と、その連れ子と、もしかしたら俺の腹違いのきょうだいかもしれない赤ん坊とで、この家に住む気のようだ……。

俺が理解の電車に乗り遅れていると、

「ふざけないで！」

と怒号《どごう》が聞こえた。

最初に親父に噛《か》み付《つ》いたのは、親父のお姉ちゃんだった。メガネ越しに、鋭い目で親父を睨《にら》みつける。

親父の姉ちゃん、つまり俺にとって伯母さんにあたる存在。

俺は伯母さんのことを「かっちゃん」と呼んでいたから、ここからは「かっちゃん」と呼ばせてもらうが、**かっちゃんは俺にとって母親代わりの存在だった。**

いつもガミガミ言いながらも朝起こしてくれたり、朝飯に牛乳とパンを用意してくれたり、飲むと学校でうんこしたくなると思い込んでいたから飲みたくなかった牛乳を半ば無理やり飲ませようとしてきたりする、そんな人だった。

そんなかっちゃんが親父に、

「**急にこんな大人数、一緒に住めるわけないでしょ！**」

と怒る。が、親父は、

「**いやいや、一緒に住むとか言ってねーから**」

と返す。かっちゃんが「は？」と親父に漏《も》らす。親父は、

「**この家は俺のもんだから**」

と。爺《じい》ちゃんにも婆《ばあ》ちゃんにもかっちゃんにも、家から出て行けと言うのだ。

この家の契約者は親父だから、新しい家族だけでこの家に住むというのが親父

の言い分だ。俺がその新しい家族に入っていたのかどうかは定《さだ》かでない。

かっちゃんがあまりのことに唖然《あぜん》としていると、今度は婆ちゃんが、

「○▼※△☆▲♨◎★●！！！」

と、怒り狂った。もはや全くなにを言っているのかはわからないが、なにやら怒り狂った。

婆ちゃんは、ちょっと小太りで、とにかく喜怒哀楽《きどあいらく》が激しい。そして〝自分ルール〟がいくつもある、孫の俺が言うのもなんだが変人婆さんだった。


そんな変人婆さんが、もはや何語かもわからない言葉で怒り狂う。それに対して、親父の新妻であるヤンチャねーちゃんは、

「**は？　うるせーし！　黙《だま》って出ていけよ！**」

と、初対面とは思えぬ暴言で言い返す。

もう玄関で大モメ。旧菅野陣営《じんえい》と新菅野陣営との激しい舌戦が繰《く》り広げられた。

ヤンチャねーちゃんは「この家はもうあっしのもんなんだよ！」と当然のよう

に激ヤバ主張をする。

親父のことだ。どうせヤンチャねーちゃんに、

「俺の女になったら家をやるよ。家族まとめて俺の家で面倒《めんどう》見てやる」

とでも言って口説《くど》いたのだろう。ほんとに勝手な人だ。残った俺らはどうするんだ。

ただ、親父が契約者ということは事実なようで、契約書も存在することを主張され、俺たち旧菅野陣営は、だんだんと劣勢《れっせい》を強《し》いられていく。

この時の俺は、なにが起こっているかまではハッキリわかっていなかったが
「なにやらわけのわからない連中と親父に家を取られそう」ということだけは理解していた。

旧菅野陣営が劣勢の中、俺もなんとかせねばと思い、

（この襟足の長いガキどもは、最悪俺が片付けるか……！）

と、ガキどもを睨みつけた。だが、睨み返されたので視線を外した。

その時だった。

「**いい加減《かげん》にしろ！！！**」


鬼の形相《ぎょうそう》で、聞いたこともないほどの声量でブチギレたのは、爺ちゃんだった。

爺ちゃんは、普段は寡黙《かもく》で、基本何も話さなかった。

だから、正直、爺ちゃんのそんな大声は、後にも先にもこの時しか聞いたことがない。おそらく親父もそうだったのだろう。いや親父だけではない。家族全員がそうだったのだろう。

菅野家が、一瞬の静寂《せいじゃく》に包まれる。


爺ちゃんの見たこともない形相と大声に、さすがの親父も怯《ひる》む。

その後、爺ちゃんは契約書について親父に何やらボソボソとつぶやくと、親父は新しい家族をつれて、すごすごと引き下がって行った。

（爺ちゃんスッゲー！）

俺は心の中で興奮《こうふん》した。まさかあの親父をたった一言で退《しりぞ》けるなんて。さすが親父の親父だ……！

こうして菅野家の「家取り戦争」は爺ちゃんの大活躍《かつやく》により終結。

そこから親父は、たま〜〜〜に家に帰ってくるだけで、ほとんど家にいることがなくなったのだ。

ちなみに、親父の新しい家族がその後どうなったのかは全く知らない。でも、親父はその後も女遊びをやめた様子はなかったので、おそらく上手《うま》くいかなかったのだろう。

そして、この「家取り戦争」をきっかけに、この家族に我慢の限界を迎えた人物がいた。

かっちゃんだ。

俺はこの後……

かっちゃんに殺されかける。

3 ―― かっちゃんと恐怖温泉

かっちゃんは、ダメな親父に代わって、俺を大事に育ててくれた。学習塾の先生をやっていたこともあって、真面目《まじめ》な教育ママ然とした人だった。

家の家事全般をかっちゃんがしてくれていて、健康に気を使ってか、食べ物は無添加《むてんか》とか、オーガニックとか、そんなものばかり。

なんかよく、野菜の芯とか果物の皮とかを使った健康志向のスープが出てきたけど、正直子供の舌には一切合わず。俺としてはもっとベロがぶっ壊れるほどのガツンとしたものが食いたかったが、そんなものはまず出してはくれなかった。

まぁでもうちは貧乏だったし、節約という意味でもそんなものばかりが出ていたんだろうと思う。

貧乏ではあったが、かっちゃんはクリスマスや誕生日になると必ずプレゼントをくれたし、ゲームが欲しいって言ったら、5時間くらい粘《ねば》れば何とか買ってくれたりもした。

でもそれは、かっちゃんの犠牲《ぎせい》の上に成り立っていた。

俺は夜あまり寝られない方で、夜中に目を覚ますことが度々《たびたび》あった。目を覚まし、トイレに行こうとすると、リビングで誰かがテレビを見ている音が聞こえてくる。

こっそりリビングを覗くと、そこにはテレビを食い入るように観ているかっちゃんがいた。

かっちゃんが観ていたのはドラマでもバラエティーでもなく、通販番組だ。通販番組を、品物を買おうとするわけでもなく、ただじっと、食い入るように観ているかっちゃん……。

「何が面白くて観てんだよ」と思っていたが、たぶんそれは**〝通販番組を観ることで買い物欲を満たす〟**という、**我慢の向こう側に辿《たど》りついた果ての行動**だったのだろう。

自分の欲しいものは後回しにして、俺のものを買ってくれたり、家族のために節約料理を作ってくれていたかと思うと感謝しかない。

そんなかっちゃんの心のダムが決壊《けっかい》したのが、あの「**家取り戦争**」だった。


家取り戦争から少し経った頃。

とある平日。かっちゃんが朝、急に、

「今日学校行かなくていいから」

と言うのだ。普段のかっちゃんは、

「学校には行きなさい！　とにかく行きなさい！　何がなんでも行きなさい！　もう行きなさい！」

とやたらと学校に行かせたがるのに。

おそらくかっちゃんの中では、とにかく学校にさえ行っていれば、俺がまともな社会生活を送れる人生になると信じていたのだろう。かっちゃんは俺を、どうしても親父のような人間にはしたくなかったのだ。

いや、親父のようになんてなりたくてもなれないだろ。**一回あの人が素手でスズメバチと戦うところ見たことあるぞ。**どうやったらなれるんだよ、あんな人に。

まぁそれはいいとして、そんなかっちゃんが急に、

「学校に行かなくていい」

と言い出したのだ。

「え？　なんで？」

と聞くと、かっちゃんは、

「行きたいところがある」

と、**そよ風のような笑顔**で微笑んでくる。

行きたいところ……？　正直、全く見当がつかない。

ただついて行ってあげたいとなぜか思い、おとなしくついていくことにした。

かっちゃんに連れられて行き着いたのは、海の近くにある温泉街。

平日の昼に来る温泉街はなんだかちょっと異界じみてて、俺は興奮した。街の至《いた》る所から湯気《ゆげ》が出ている……！

街には無数の宿屋がある。言い方は悪いが、貧乏そうなたたずまいの宿から、いかにも高級そうな宿まで無数に。俺は、とある超高級そうな宿を見て、

（こんな宿に気軽に泊まれるセレブジェントルマンに将来なるぞ！）

と誓《ちか》った。

すると、かっちゃんは俺をつれてその超高級そうな宿へと入っていく。

ん？　と思っていると、何やら高級そうなスーツを着た係員が出迎え、

「菅野様、お待ちしておりました。お部屋にご案内いたします」

と音速で夢がかない、チビッコセレブジェントルマンにモードを切り替えた。

そこからは〝高級〟が次から次へと押し寄せてくる！

なんと、街の至る所で出ていた湯気が、今度は部屋の一角から出ているではありませんか。部屋に、露天風呂がついていたのだ！

「こちら、今晩のお食事でございます」

仲居さんが運んできたのは、鯛《たい》の尾頭《おかしら》つきのお刺し身。こんなもんどうやって食うんだ！　と鯛の頭に軽く会釈《えしゃく》をする俺。そんな俺を見て天使のような笑顔を見せるかっちゃん。

一通り高級を満喫《まんきつ》し、大満足で横になっていると、かっちゃんが、

「ちょっと外、散歩行こうか」

と声をかけてきた。

時間は夜9時か10時かくらいだっただろうか。田舎の温泉街というのは、この時間になると、どこのお店もやっておらず、あたりは真っ暗。

俺とかっちゃんは当てもなく歩く。すると波の音が聞こえてくる。だんだんと、その波の音が大きくなり、いつのまにか砂浜へと向かっていた。

かっちゃんは海を見て、一度立ち止まる。

そして、俺と手を繋《つな》いだまま再び前へと歩き出した。

何をするのかな、と思っていたら、かっちゃんは俺と手を繋いだまま……海へ

と入っていくのだ。
どんどん前に進み、ズボンは濡《ぬ》れ、上着も濡れ、顔も……

その瞬間、俺の中でめちゃくちゃ辻褄《つじつま》が合った！

あの厳しいかっちゃんが突然学校を休んでいいと言い出したこと。高級な旅館。豪華な食事。そして、「行きたいところがある」と言い微笑んだ天使のような笑顔……。

ははーん。行きたいところって天国ね、おもしれぇ。伏線回収《ふくせんかいしゅう》じゃん。

いやいやいや、心の中でツッコんでいる場合ではない。あれよあれよという間に海水は俺の口元に達し、いよいよ頭全てが――！
と、そこでかっちゃんはバシャバシャと音を立てて、慌《あわ》てて俺を連れて浜辺に戻る。浜辺に戻るとかっちゃんは俺をギュッと抱きしめる。

かっちゃんに抱きしめられながら俺はただただ、

「あっぷねーーーー!!!」

と、思っていた。

かっちゃんはこの時、だいぶ追い詰められていたのだろう。菅野家唯一の〝良心〟といえるほどの存在のかっちゃん。

そんなかっちゃんは、わけのわからない家族に囲まれ、親父に家を乗っ取られかけ、爺、婆、俺の世話をしつつも金はなく、ストレスは溜《た》まりに溜まり、それでも俺の親代わりとしていろんなことをしてくれて。

ただ、おそらくメンタル的には限界だったのだろう。いろんなものを一人で背負っていたんだと思う。

うん……**だからといって海に帰るわけにはいかない。ゴジラじゃないんだから。**

その後、しばらくしてからだった。かっちゃんが山形を離れて、東京に行くと言い出したのは。

〝あの日〟のことはハッキリ覚えている。

小学5年生の夏。

街で一番デカい祭りの日で、友達の庄司《しょうじ》と加藤《かとう》と三人で、時間を忘れて遊び回った。

そんな祭りの中で1軒だけ、他の派手《はで》な屋台とは対照的《たいしょうてき》に、机とパイプ椅子《いす》だけが置かれ、「占い」と書いてある、驚くほど地味《じみ》な屋台があった。俺がそこを通り過ぎようとした時……。

「ちょっとキミ」

と性別不明の初老の占師《うらないし》が俺に声をかけてきた——。

遊び回った俺たちが、金魚を2匹ばかりぶら下げ、祭りから帰路《きろ》についたのは

19時をゆうに過ぎた頃。いつもなら当然帰っている時間。庄司が、

「あ〜、怒られっかな〜」

と、言うから、俺もかっちゃんの激怒りする顔が目に浮かんで家に帰るのが嫌になった。すると加藤が俺に、

「直人が変な占師と話してるからこんな遅くなったんだろ〜」

と。俺は加藤に、

「いやそれ大した時間使ってねーから！」

とケラケラと笑いながらツッコミを入れる。

そんなしょうもないやりとりを三人でしながら帰り、いつもの場所で「じゃあな〜」と二人と別れた。

代わり映えしない、いつもの帰り道の景色を眺めながら、腹減ったな〜今日の飯何かな〜。てか、かっちゃんの機嫌《きげん》いいといいな〜などと思いつつ歩いていると、我が家が見えてくる。

が……いつもならついているはずの家の電気がついていない。家は真っ暗。誰

もいないはずがない。でも家は真っ暗。
……なんで？　と思いつつ、家の中に入る。

……やっぱり、人の気配《けはい》はする。
俺は恐《おそ》る恐るリビングへと向かう。
と、リビングはなぜか豆電球だけがついていて、そこに爺ちゃん、婆ちゃん、
そして、うなだれたかっちゃんがいた。
そんな光景を見て俺は、
（……うわー、また絶対なんかありますやん）
と思わずにはいられなかった。
家族の様子だけで、確実にそう思わせる雰囲気が漂《ただよ》っていた。
俺は、なんて声をかけてよいのかもわからず、どこにいてよいのかもわからず、
とにかく、
（また問題起こったのかよ。いい加減にしろよ我が家。マジだりぃ……早くテレ

ビ観てぇ……）

と思い、立ち尽《つ》くしていた。

するとかっちゃんが、

「ちょっと、話がある」

と俺に。

でしょうな。そりゃ話あるでしょうな。と、心の中でツッコんでいると、かっちゃんが、

「直人。私と一緒に、東京に行こう。もう、こんな家から出て行こう」

たぶん、かっちゃんはいろいろ限界で、もはや山形にいること自体がストレスだったんだろう。

東京に行って、一緒に心機《しんき》一転《いってん》全部やり直そうと、かっちゃんは俺に優しい微笑みを向けてくれる。

俺はかっちゃんから東京行きの話を聞いた時、祭りであった〝とある出来事〟を思い出した。
そして俺はかっちゃんに……

「いや、大丈夫す」

と答えた。
唖然とするかっちゃん。聞き間違えたのかなと思ったのか、かっちゃんは再び、

「一緒に東京に――」
「いや、大丈夫す」

俺は冷静にお誘いをお断りした。
お断りしたのは、カッコをつけて逆張りで断ったというわけではない。

俺はかっちゃんがめっちゃくちゃ好きだった。かっちゃんもきっと俺のことを好きでいてくれた。正直、俺はかっちゃんにむちゃくちゃ懐《なつ》いていた。にもかかわらず俺が断ったのは明確な理由があった。

俺は小さい頃から、この山形という場所が大好きだったのだ。

友達も超好きだったし、街の景色も。

ちょうど先ほど、友達と別れた道から見える景色は、見渡す限りの山、山、山。小さい山がたくさん連なった、山に囲まれたその景色は、イメージで言うと『進撃の巨人』の塀。そのくらいの勢いで山に囲まれていたのだ。

俺は、その山の景色をなんだか特別なものに感じていた。他にはきっとないものだと。幼いながらに、俺は一生ここで暮らすんだと心に誓っていたのだ。

かっちゃんは、一緒に東京に行くことを俺が断るとは思っていなかったのか、半ば取り乱したように、

「**……なんで⁉**」

と言うが、俺は断固として、

「いや、大丈夫す。残ります」

「いや、だから――」

「残ります」

と普段使わない敬語《けいご》で断り続けた。

かっちゃんは、もはや泣きながら、

「あんまり言えないけど、正直本当にきつくて、ここにいたら全員が良くないんだよ！　直人が育っていく環境として良くないから絶対東京行った方がいい！」

と訴えかけるが、俺はそんなかっちゃんに、

「いやいや落ち着いて。残りますから俺」

と冷静に諭《さと》し続けた。俺があまりにも冷めているものだから、急速に冷静さを取り戻したかっちゃんは、

「ごめん。わかった今日は諦《あきら》める。今日はもう寝よう」

と話を終わらせた。

俺は、その時激しく思った。

（いや、飯ないんかい）

結局かっちゃんはそっからすぐ、1週間ぐらい後には家を出ることになった。その間もかっちゃんは、東京には親戚の誰々がいるから安心だとか、本当に私東京行っちゃうよ？　大丈夫？　大丈夫じゃないでしょ。どうするの？　とか散々説得してきたが、その度に俺は「いや、大丈夫す」と断り続けた。

そして、かっちゃんは一人家を出て、東京に行くことになった。

こうして、我が家から二人目の離脱者が生まれた。残すは、爺ちゃんと婆ちゃんと俺の三人。

かっちゃんが東京に行っても、一言も何もしゃべらない爺ちゃん。娘が出て行ったのに何も言わないってどういうことよ？

婆ちゃんは婆ちゃんで、大好物のグレープ味のグミを食いつつテレビで相撲《すもう》を観ながら、時々思い出したように、「○▼※△☆▲♨◎★●！！！」とブチギレる。何を言っているのかわからない言葉で、途轍《とてつ》もなく激しく椅子を揺らしながら怒り狂う。

そんなヤバそうな二人を見て俺は、

「こりゃ……おもしれぇ生活が幕《まく》を開けたね」

と、自分で自分の生活に見栄《みえ》を張るしかなかった。

そして、この選択が俺の人生を決定づけた。

4 ― ダンディズムの塊

かっちゃんがいなくなり、寡黙すぎる爺ちゃんと、喜怒哀楽が激しすぎる婆ちゃんとの三人暮らしが始まった。

母親代わりだったかっちゃんがいなくなり、家は荒れに荒れる……かと思っていたが、意外とそうでもなかった。

もしかすると、俺の人生の中で、意外とこの三人の時のチームが、一番バランスが良かったのかもしれない。

それまで爺ちゃんが家事をやっているところなんて一切見たことがなかったので、俺は爺ちゃんのことを「The 昔の爺ちゃん」的な人だと思っていた。が、爺ちゃんは実は何だかんだと器用な人で、洗濯や掃除、料理なんかも色々してくれた。

中でも爺ちゃんが作る味噌汁《みそしる》は絶品だった。

ワカメと豆腐、調子がいい時にはたまねぎが入っている、そんななんの変哲《へんてつ》もない味噌汁なのだが、なんだか甘みというかコクというか、そういうものが強く感じられる味噌汁で。

それまでかっちゃんが作ってくれていた味噌汁は、俺からしてみれば、とんだトリッキー味噌汁だった。

なんか白い粒が浮いていて、具材もウドとか硬《か》ってぇワカメとか、硬ってぇキャベツの芯とかとにかく硬いものが入ってて、味もなんか薄いし。でもかっちゃんは頻《しき》りに、

「この硬いところに栄養が詰まってるんだから！」

と言ってた。けど、俺は正直そのオリジナリティーがすぎるトリッキー味噌汁が嫌で嫌でしょうがなかった。

でも爺ちゃんが作ってくれた味噌汁は、ま～シンプルで。味も濃くてしょっぱくて、でもなんかすごい甘みもあって、飲んだ瞬間に、脳みそに味噌がガチン！と来るのだ。

これよこれ。俺が飲みたかったのはこういう味噌汁だ。もう一つの欠点も見当たらない、こんな味噌汁が飲みたかったんだ。

俺は、その味噌汁を飲みながら思っていた。爺ちゃんがいれば心強いし、爺ちゃんがいればなんとかなるだろう、と。

そんな爺ちゃんだが、ある出来事で、

「**あ、やっぱりこの人、親父の親父だ！**」

と激しく思わされたエピソードが、二つある。

この時期、俺は週3くらいで爺ちゃんと「竜馬《りょうま》」という近くの中華料理屋さんに行くようになっていた。

おそらく爺ちゃんが毎食作るのはさすがにしんどいからという理由で行っていたのだろうが、「竜馬」はとにかく美味かったので、俺としては「竜馬」に行くのがかなり嬉しいことではあった。

そんな「竜馬」で爺ちゃんは、菅野家の血がそうさせるのか、あることをやらかす。

一時、爺ちゃんは「竜馬」で、ずっと同じ**〝味噌なす野菜炒め定食〟**しか食わなくなった。

なぜか毎晩毎晩〝味噌なす野菜炒め定食〟を注文する爺ちゃん。

正直、「他のも食えよ、美味いぞ」とずっと思っていたのだが、まぁべつに止めることでもないか、と放置していた。そんな中、爺ちゃんは毎晩〝味噌なす野菜炒め定食〟しか注文しない。

もはや〝味噌なす野菜炒め定食〟しか頼めない呪《のろ》いにかかったとしか思えないほど〝味噌なす野菜炒め定食〟を注文する爺ちゃん。

そして、爺ちゃんが呪いにかかって、しばらくしてからのこと。

いつものように爺ちゃんが、

「……竜馬行くぞぉ……」

とボソリと俺に伝えてくる。いつものように「竜馬」に向かう俺と爺ちゃん。

しかしその日、爺ちゃんはいつもと様子が違っていた。なんというか、緊張しているのだ。

なんで、たかだかいつもの「竜馬」に行くのに緊張してんだ？ と思いつつ、「竜馬」に到着し、席に着く。客は俺たちだけだった。

そこに店員さんがやってくる。注文しようとする爺ちゃん。

すると、爺ちゃんが店員さんに向かって、渋〜〜い声で、こうつぶやいた。


「**いつもの**」

店員さんは、そんなダンディズムの塊《かたまり》の爺ちゃんに、

「ごめんなさい。いつものわからないです」

と……申し訳なさそうにする店員さん。

なんて言っていいかわからない俺。

そして、こんな恥ずかしそうな爺ちゃん見たことないってくらい恥ずかしそうな爺ちゃん。

三人が黙り込み、店内は静寂に包まれた。

静寂ののち、爺ちゃんは、

「**あ……これぇ……**」


注文表にある、いつもの〝味噌なす野菜炒め定食〟を指さした。

たぶん、たぶんだけど、爺ちゃんは孫の俺に「いつもの」と常連のように注文

する〝カッコいい爺ちゃんの姿〟を見せたかったのだと思う。

いやいやいや。べつに「いつもの」で注文が通ったところで、「爺ちゃんカッケー！　シビレるぜ！」とはならないだろ。そもそも毎回俺も一緒に来てるし。

そのあと、あの美味かった「竜馬」に通いづらくなり、あまり行かなくなったから、爺ちゃんを多少なりとも恨《うら》みすらした。

まぁ、この**〝カッコつけ〟は菅野家男系の呪いだと俺は思っている。**


そして、「あ、やっぱりこの人、親父の親父だ！」と思わされたもう一つは、爺ちゃんの死に際だった。

寡黙なうちの爺ちゃんは、ほんと機械のように生きている人だった。毎日毎日、ほぼ同じルーティンで動いていて、そこからほぼはみ出さない。

平日は、学校帰りからの様子しか俺は把握《はあく》できていないが、16時に水戸黄門を観て、見終わると散歩に出かける。散歩もいつも全く同じルート。帰ってきて食事をし、しばらくして寝る。

うーん。なぜこんなにも機械的に動くのだろう？

もしかして……何か秘密《ひみつ》があるのでは……？

小学生というのはなぜこんなにも誰かの秘密を暴《あば》きたがるのだろう。探偵《たんてい》ごっこをしたくなるのだろう。いや俺だけかもだけど。

とにかく探偵心に火がついた、見た目は子供、頭脳も子供の俺は、爺ちゃんの秘密を暴くべく、散歩を尾行してみることにした。

尾行1日目――

俺は爺ちゃんの散歩時の尾行を開始する。バレるんじゃないかというスリルがたまらなく楽しかったのを覚えている。爺ちゃんはいつも同じスピードで、いつも同じルートを歩く。

そして、うちの近くの河川敷まで行くと、いつもと同じベンチに腰掛け休憩《きゅうけい》。キレイな夕日をしばらく眺めると、すっと立ち上がり、帰路につく。

尾行2日目――

おなじ。

尾行3日目――

おなじ。

尾行4日目――

おな、**つまんねっ！　この探偵ごっこ面白味0かよ！**

その後、少ししてからだった。爺ちゃんが亡くなったのは。

爺ちゃんが亡くなって、かっちゃんが短い間だったけど帰ってきた。そして、俺は爺ちゃんの部屋の整理を手伝わされることになった。面倒だな……とは微塵《みじん》も思わなかった。なぜなら再び探偵心に火がついたからだ。

というのも、爺ちゃんは、自分の部屋に人を入れることをまずしない人だったからだ。

ちょっとでも覗こうものなら、必ず阻止《そし》された。いわばその部屋は、我が家唯一の〝未開の地〟。見た目は子供、頭脳も子供のただの子供が、そんな場所を目の前にして心躍《おど》らないわけがない。

ドキドキしながら爺ちゃんの部屋に入る。……まぁなんの変哲もない部屋だ。


棚を探る。が、何もない。

押し入れを探る。が、何もない。

尾行の時と同じでやっぱり何もない。

適当に片付けて終わりにするか、と俺は爺ちゃんの使っていた布団をしまおうとした。すると、枕カバーの中に何かが挟まっていることに気がついた。そこには封筒が挟まっていて。

三度《みたび》、探偵心爆発！

見ないわけにはいかないとドキドキしながら、その封筒の中を確認すると、誰かに宛てた手紙が入っていた。

しかし、昔の人の達筆《たっぴつ》なウニョウニョした字で、何が書かれているのかひと目ではわからない。

俺はその手紙を誰にもバレないようにこっそりポケットにしまう。片付けを急いで終わらせ、ドッキドキしながら急いで部屋に戻り、手紙の解読《かいどく》を試みた。1時間ほどかけてなんとか解読できた手紙。要約すると、

・手紙の送り主は、爺ちゃんが若い頃に好きだった女の人。
・本当は結ばれたかったけど、時代のあれやこれやがあり上手《うま》くいかず、お互い別の人と結婚した。
・若い頃に「いつか、何十年後か、お互いが年老いた時に、河川敷の夕日の見えるベンチで再会しよう」と約束していた。

そんなことが書かれていた。

なんてことだ。

あのつまんない散歩には、こんな秘密が隠されていたなんて。

爺ちゃんは、この手紙の約束があったから、毎回同じところで夕日を眺めながら休憩していたのだ。

でも、俺の知る限り、爺ちゃんは、この女の人には再会していない。

これは俺の推測《すいそく》だが、爺ちゃんはその女の人と会う気はなかったのかもしれない。自分には婆ちゃんがいるし、向こうにも家族がある。本当に会う気なら家を訪ねるなり方法はあったはず。なのに、爺ちゃんはそれをしなかった。

思い出としてそこには行っていたけれど、実際会う気はなく、自分の余命を悟っていた爺ちゃんが、最後に思い残すことがないように毎日あの河川敷のベンチに行っていた、ということではないだろうか。

そんなことを感じ取った俺は、なんかもう「うわー」って感じになった。

そして、この手紙は誰にも見せちゃいけないものだと思った。

婆ちゃんにも、娘のかっちゃんにも、当然親父にも。それこそ親父に見せようものなら何をしでかすかわかったものではない。そして、本来なら、俺も見ちゃいけないものだったのだと思う。

俺は、この手紙をこっそり処分《しょぶん》することに決めた。

俺が処分の場所に選んだのは、いつも爺ちゃんが座っていたあの河川敷のベンチだ。

ベンチの近くに出来るだけ深い穴を掘って、そこにあの爺ちゃんの手紙を埋《う》めた。埋めた後、なんとなくそこで手を合わせて目をつぶる。

「爺ちゃん。これで、誰にも見られないよ。女の人と爺ちゃん二人だけの、思い出だよ」

心の中でそうつぶやき、目を開ける。

俺はいつも爺ちゃんがそうしていたようにベンチに腰掛け、しばらくキレイな夕日を眺めてみた。その時、俺が思っていたことは、

「なんか俺、たぶん今……カッコいいな」

やっぱ〝カッコつけ〟は菅野家男系の呪いだ。

爺ちゃんが亡くなって、いよいよ我が家には俺と婆ちゃんの二人だけになった。二人暮らしが始まってしばらくしてからのこと。俺がリビングで漫画を読んでいると、突然大量の段ボールが届いた。

え？ 何これ？ え？ と俺が混乱していると、そこに婆ちゃんが現れた。

そして、婆ちゃんはあまりにも唐突に、

「グミ買った！」

と。婆ちゃんは突然、その月の生活費を全てグミ代にぶち込んだのだ。家に置かれた大量のグミの段ボール……。

え、生活費全部使っちゃって、これからどうすんの？　と尋《たず》ねると婆ちゃんは大声で、

「こっからグミだ！」

………。

「こっからグミかぁ」

5　変人婆ちゃんとの二人暮らし

ご存じだろうか。人間グミばかりを食べると、おしっこがグミになることを。

正確に言えば、おしっこがグミ臭くなる、という感じなのだが。

婆ちゃんが、その月の生活費を全部使って買い込んだグミ。

しかも味は婆ちゃんの好きなグレープ味一択。みかんとかりんごとか他の味も入れて彩れよ。

とにかく食費は全部グミに消えた。

うちには米だけは結構大量にあったから、グミ料理研究家としてとりあえず米にグミをのせて、グミ丼にして食べてみた。美味いわけがない。

グミを焼いてみた。フライパンで、のぺぇ～～っとなるグミ。それをご飯の上にのせて食べたが美味いわけがない。グミを煮てみ……、美味いわけがない。

参った。

と、思ったが、人間は強い。

俺はダッシュで図書館に向かった。

図書館で片っ端から植物の本を山のように手に取り、机に向かう。そして、食べられる野花を調べまくる。メモをとり、またダッシュであの爺ちゃんの手紙を埋めた河川敷へと向かう。

そして調べた野花を探しまくった。

山菜を摘《つ》み、またダッシュで家に帰り、摘んだ山菜を冷蔵庫にかろうじてあったマーガリンで炒めて、ご飯の上にのせて食べる。……美味いわけがない。が、グミばかりの地獄よりはマシで、なんとかその月を凌《しの》ぐことができた。

その間も婆ちゃんは嬉しそうにずっとグミばっかり食ってたけど。

そもそも婆ちゃんがここまでグミが好きになったのは、グミと婆ちゃんとの出会いが遅かったからかもしれない。


俺が小学校低学年の時にリビングでグミを食っていると、婆ちゃんが、

「なんだそれは！　そんなもんは人間の食うもんじゃない！」

とかなりの圧で俺に言ってくるもんだから、美味いことを証明するためにも一つあげた。

婆ちゃんは嫌々口にする。

と、婆ちゃんは、

「――！！！」

この世にこんな美味いものがあったとは！　的な表情を浮かべ、その後俺に、

「**……もう一つおくれ**」

それからだ。婆ちゃんがグミに取り憑《つ》かれてしまったのは。

だから、まぁ俺のせいといえば俺のせいかもしれない。

とにかく婆ちゃんは変な人だった。

例えば、**婆ちゃんはアニメ『忍たま乱太郎』の乱太郎が大嫌い**。

乱太郎をご存じの方ならわかると思うが、一体彼のどこに嫌う要素があるんだ、というようなキャラクターなのに、なぜか婆ちゃんは乱太郎を目の敵《かたき》にしていた。

婆ちゃんは相撲が大好きで、ＮＨＫの相撲中継は欠かさず観ていた。その相撲中継が終わった頃に始まるのが『忍たま乱太郎』。

相撲を観て、上機嫌の婆ちゃんは、『忍たま』のあのお決まりのオープニングが流れてきて、乱太郎がテレビ画面に映ると、

「**また出たなメガネ○▼※△☆▲♨◎★●！！！**」

もうブチギレ……。いや何でよ、と思うが、もうブチギレ。他のキャラクターには特に何も言わない。なぜか乱太郎にだけキレるのだ。全く意味がわからない。

俺は『忍たま』が大好きだったので、婆ちゃんにはとにかく静かにしてほしい。でも、たとえ孫の俺がどれだけそれを言っても、簡単に黙ってくれるようなそんな婆ちゃんではない。世の中によくいるような、孫の言うことを聞いてくれる婆ちゃんだったなら、この二人暮らしで、俺はこんなにも苦労することはなかっただろう……。

そんな婆ちゃんには〝自分ルール〟がいくつもある。

例えば、**婆ちゃんは、うんちを必ず三回に分けて流す**。

うんちをしたその直後のタイミングでは少量の水でしか流さない。当然うんちは流れきらず残る。その後、二回ほどトイレを使用したタイミングで、水を少量ずつ流すことでうんちを流し切るのだ。

目的は、おそらく水道代の節約のため。

問題なのは、それを他人にも強要することだ。

俺がトイレでうんちをする。そして大を流すと、そのジャーという音が鳴った瞬間に、
ガンガンガンガン！

と、けたたましく扉を叩く音がし、そしてなんの許可もなく無理やりトイレのドアを開け、

「**大一撃で流すな！　なんで一回で流すんだおまえ!!**」

と、叫ぶ。

たぶん、婆ちゃんは俺がうんちしている時の、便器に落ちるポチャンという音を聞きつけてやってくるのだ。

いや、普通に考えて嫌じゃない？　うんちの音を聞かれるのも、大の流し方を強要されるのも、そもそもうんちが流れきらないことも。

婆ちゃんは、とにかく水回り関係が異常にケチだった。

それはトイレだけでなく、食器や衣類の洗い物にも言えることだ。

中でも皿洗いが一番ヤバかった。

俺と婆ちゃんの二人で、リビングで飯を食っていると、なんだか時々異臭《いしゅう》がするのだ。しかも飯を食べている時に限ってだけ。

何が原因かはその時点では全くわからない。でも飯を食べている時だけ、時々、異臭がするのだ。

異臭の原因がわからないまま数週間、飯を食い続けた。

ある日のことだ。俺は飯を食べたら、基本はすぐ2階の自分の部屋へと戻るのだが、その日、たまたま見てしまった。異臭の原因を……。


原因は、婆ちゃんの皿の洗い方にあった。

俺がいつものように異臭を感じながらも飯を食い終わり、部屋に戻ろうとする。と、婆ちゃんが食器を片付ける音がした。

手伝った方がいいか？　とキッチンに行くと、なんだか婆ちゃんの挙動《きょどう》がおかしい……。

俺は様子を観察するためにこっそりキッチンの小棚の陰に隠れ様子をうかがう。

まず婆ちゃんは、お味噌汁や、おかずのタレなど、汁が若干残っている皿に、ごく少量の水を入れる。

洗うにはいくらなんでも少なすぎる量だ。ん？　と思っていると、**婆ちゃんはその少量の水を入れたタレを箸《はし》でかき混ぜ、そのあと、その水を……ガッと飲み干した。**


（飲んだ⁉）


心の中で衝撃を受ける俺。

が、その後には更なる衝撃が待ち受けていた。

今度は、婆ちゃんがそのタレの入っていた皿を……ベロベロと舐《な》め始めたのだ！

（マジかよ、何してんのこの人……!?）

悲鳴をあげそうになる口を必死に押さえる俺。

そして婆ちゃんは、一通り皿を舐め終わると、その皿を……そのまま食器棚に戻したのだ！

あの異臭の原因は、婆ちゃんの唾《つば》の乾いた臭いだった。

俺はたまらず隠れていたところから飛び出して婆ちゃんに、

「何してんだよ！　見たぞ！」

すると、婆ちゃんは悪びれる様子もなく、しばらく黙り込み、

「………」

次の皿を舐め始めた。

そんな婆ちゃんを無理やり止める俺。そこからはもう喧嘩《けんか》だ。

「いや汚すぎるだろ！　何してんだよ！　洗えよ！」

「なんで洗わないといけないんだ！」

いやいやいや！　洗い物ですから！

洗わないといけないに決まってるだろ⁉

しかし、俺がどれだけ説明しても喧嘩は平行線。

洗う、洗わないの水掛け論。

そんな人生で最も無駄と言えるほど不毛なやりとりが1時間ほど続いた。


その後、やっと水道で皿を洗うようにはなってくれたが、その水の使い方も水道からチョロチョロチョロ……とごく少量の水を皿にかけるだけ。

婆ちゃんに、

「それは洗ったんじゃない。水かけただけだから」

と言うと、ま〜た洗うかけるの水掛け論。本当の水掛け論だ。

婆ちゃんとの二人暮らしはとにかくこんな喧嘩がしょっちゅうだった。

皿洗いの一件の後、衣類の洗濯も婆ちゃんは洗ってるふりをして実は洗っていなかったことが俺の調べで判明した。

皿洗いのことから考えても、洗濯物も絶対まともに洗っていないことは容易《ようい》に想像がついた。

そこで今度は洗濯を覗き見た。

すると、**婆ちゃんは洗濯機の中に入った洗濯物を、一度も洗濯機を回すことなく、ただハンガーに通して外で乾かしていただけだった。**

「洗え！」

俺が婆ちゃんの前に飛び出し叫んだのは言うまでもないし、その後、ま〜た水掛け論になったことも言うまでもない。どうりで体操服くせーと思ったわ。

揚げ句、今度は俺の風呂にまで口を出してきた。

俺が風呂に入っていると、トイレの時同様、なんの許可もなく突然風呂場の扉を開け、

「なんでおまえ昨日も入ったのに入ってんだ！　ちっとも臭くない！」

いや、くせぇよ。

婆ちゃんはついには風呂にまであんまり入るなと言い出す始末。いやどんだけ水道代気にすんだよこのババア、と悪態《あくたい》もつきたくなる。

なのにだ！　なのに!!

婆ちゃんは、家の風呂じゃなくて、毎日銭湯《せんとう》に行くのだ!!

ほんといい加減にしろよ！　と、また喧嘩が始まって――。

そんな生活が数カ月続いたある日、俺が中学校に入学してすぐくらいの時だ。

婆ちゃんは体調を崩した。絶対グミの食い過ぎだ……。と俺は思っていたのだが、思ったよりも症状は芳《かんば》しくないらしく、婆ちゃんは施設へ入ることとなった。

こうして3、4年ほどかけて、菅野家から四人の脱落者が生まれ、俺は中学に上がってすぐ、中1にして一人暮らしを余儀《よぎ》なくされることになる。

最初に湧いてきた感情は、寂しさ……ではない。

「やっと婆ちゃんから解放《かいほう》された〜〜！」

という安堵感《あんどかん》だった。

が、人生はグミのように甘いものではなかった。

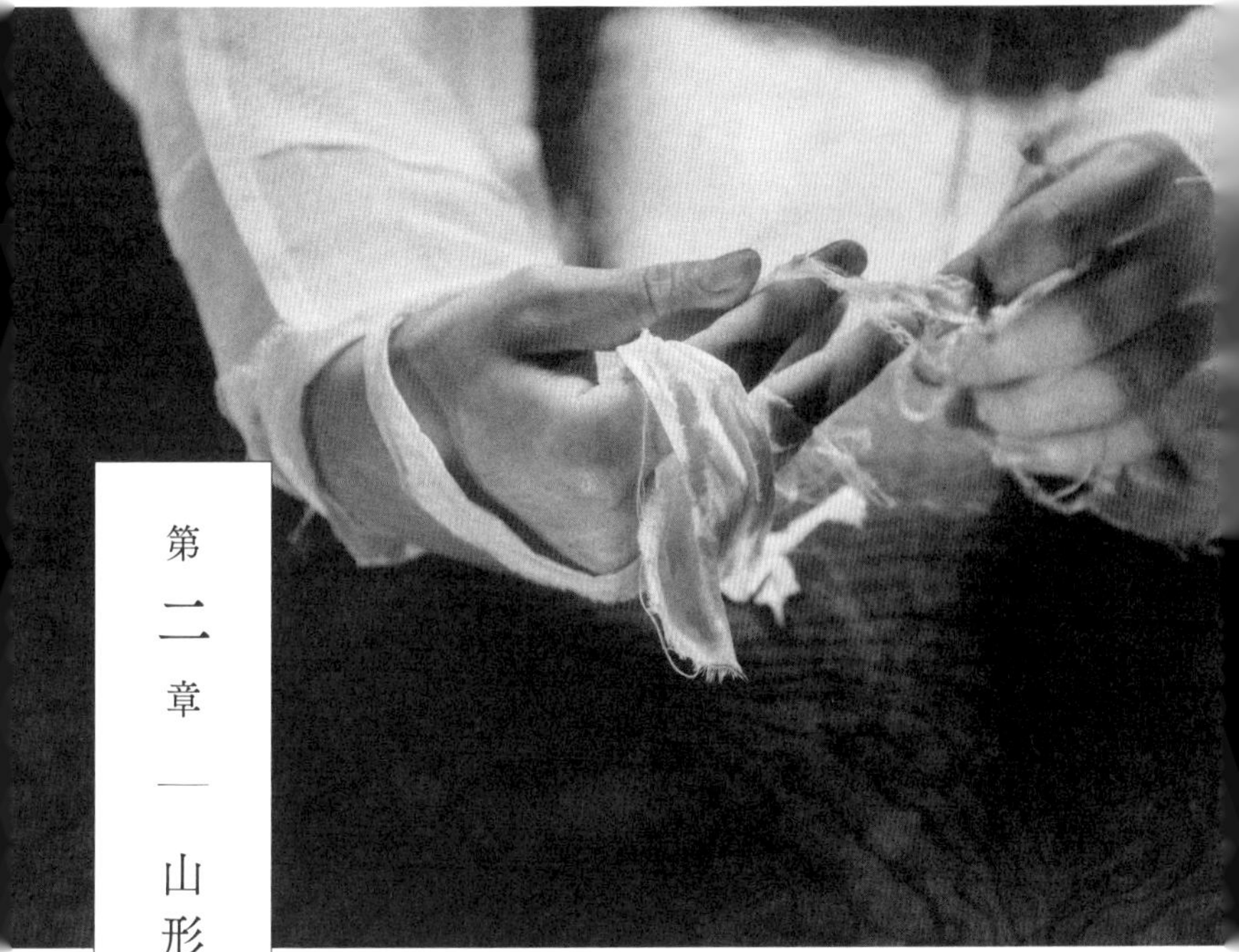

第二章 — 山形の狼は、助けを借りない

6 ― 山形に住む12歳の狼

俺は一人暮らしになった当初、あまり〝一人〟という自覚を持てずにいた。というのも、ここ数年で家から人がいなくなることを経験しすぎて感覚が麻《ま》痺《ひ》っていたんだと思う。

そんな俺が、「あ、俺一人なんだ……」と実感したのは、一人暮らしになって数日経ってからのことだった。

その日、俺は生まれて初めて3キロという長距離を走った。

走った理由は中学生になって入ったバドミントン部の部活動。山に囲まれた山形市内の道をただ延々と走らされる。

坂道だってそこそこにあるし、ちょっと遅れようものなら顧問の怒号《どごう》が飛ぶ。俺はみんなに後れを取らないように必死に走った。

なんとかその日の部活動が終わり、帰路につく頃にはもうヘトヘト。こんなに走ったことはなかったし、足がこんなに疲れたのも初めてで、いつもの帰り道が倍以上に感じられた。

部活ってこんなに疲れるもんなのか、もうやめようかな、いやこんな簡単にやめたらカッコつかないしな、でもな……などグルグルグルグル考えているうちに、家に着いた。

着いた時にはすでに19時を回っていて、あたりは真っ暗。そんな真っ暗の中、我が家は……

当然、真っ暗なのだ。

「……え、暗っ！」

俺は、突然びっくりした。

家が真っ暗なことに。

その時、たまたま隣の家の子供が帰宅したところで「ただいま〜」という声が聞こえてきた。
見ると灯りのついた家にその子は当たり前に入っていく。しかし俺は、俺だけは、ただ真っ暗な家の中に、一人吸い込まれるように入っていくしかないのだ。

玄関の扉を開け、リビングに向かう。
真っ暗。自分で電気をつける。
リビングは当然ガランとしている。
そこにいるのは、学生鞄を肩から掛けたまま、ただ立ち尽くしている俺一人。
そこで一人暮らしになって初めて気がついたのだ。

「俺、めっちゃ一人じゃん……」

一人暮らしになって数日経っていたし、今までは普通に一人で暮らしていた。

なのに、その日、その瞬間、唐突に〝孤独〟を感じたのだ。

その時抱いた感情は「悲しい」でも「寂しい」でもなく〝混乱〟だった。

俺は、ただただ混乱した。

どういうこと？　と。なんで一人なんだ？　と。

でも現実、今から自分でごはんの準備をしないといけない。誰も準備してくれないのだから。

明日の体操服も自分で準備しないといけない。誰も準備してくれないのだから。

全部自分で準備しないといけない。でも足が部活でもうヘトヘトで、もはや何もする気力が湧かない。

2階にある自分の部屋になんて到底向かう気になれない。俺は、ただただ何もすることなく、鞄を肩から掛けたまま、リビングにゴロンと寝転がった。

天井を見つめる。俺だけを照らす蛍光灯。蛍光灯のカバーの中には小さな虫の死骸がいくつか見えた。

隣の家からは微かな笑い声が聞こえた気がした。

そして俺は、この孤独な状況の中、つぶやいたんだ……。

「なんか、もしかして、今、カッコいいか？」

菅野家男系の呪いが発動した。

俺は、この孤独がカッコいいかもしれない、と思ったのだ。

他の人とは違う、隣のしゃばい子供とは違う、俺だけのオリジナルな孤独。もうそうなると、孤独をやりに行きたくなる。

俺はいてもたってもいられず、慌てて荷物を置き、急いで家を出る。

疲れた足を引きずりつつも、足早に公園に向かうと、公園にある滑《すべ》り台へ。

急いで滑り台の階段を駆け上がり、滑り台の上で座り、片膝《ひざ》を抱えて、俺は自分が思う最高にカッコいいポーズで街を眺めた。そして俺は、想像を巡らせる。

街には……無数の家があり……その一つひとつに温かい家庭があるんだろう。

そんな中、俺は、俺だけは孤独で、一人……。山形の暖かい街に紛れ込んだ、一匹狼……か。

「**カッケェ**」

俺はそう思いつつ、ニヒルに鼻で笑い、膝を抱えたカッコいいポーズのまま、ツーーッと滑り台を降りた。そして更に孤独をやりに行く。

街の家族たちの声を聞きに行ったのだ。

とある家で聞き耳を立てると、家族たちの明るい笑い声が聞こえた……ら、急にめっちゃ寂しくなったので、急いで家に帰った。

家に着いた途端、玄関でベタに腹が鳴った。

「腹が減っても、狼は一人で飯を作るしかないの、か……」

とセリフじみた言葉を吐き、ニヒルに鼻を鳴らし、キッチンに向かうと米をといだ。とりあえず米を3合炊く。この間に何かおかずを作るか。

といっても、何を作っていいかもわからなければ、どう作っていいかもわからない。

普段はスーパーとかコンビニで適当に買って飯を済ませるのだが、今日は疲れ果てて帰ってきているので何も買ってきていない。となると自分で料理をするしかないのだが、俺がしたことのある料理は、グミ丼と焼きグミ丼と野花マーガリン炒めだけ。

そこでふと思い出した。あの爺ちゃんの味噌汁の味を。

ワカメと豆腐のなんの変哲もない味噌汁。でも甘く、コクのある絶品味噌汁。

今食べるならあれしかない。と、俺は味噌汁作りを試みることにした。

が、冷蔵庫にはワカメも豆腐もない。今から買いに行くのは足的にもう無理。

ひとまず今日のところは味噌だけにするか、とお湯を沸かし、お椀に味噌を適当にぶち込み、そして湯を注いでみた。それを一口啜《すす》る。

……全く美味くない。

あの爺ちゃんの甘く、コクのある味噌汁に一切なってない。味噌は爺ちゃんが使っていたものと同じはず。ワカメと豆腐が入っていないからなのか？

いや、あの二つを入れたところでそんなに味が変わるものなのか？　ん～～、と頭を捻《ひね》るも答えが出るわけもない。

俺は美味くないその味噌汁を飲みながら、

「爺ちゃんを亡くし、家族をなくした今の俺には、ちょうどおあつらえ向きの味噌汁か」

と、狼モードで寂しさとこの不味《まず》い味噌汁を乗り越えることにした。

7 ― 友達の家から、家事を盗む

一人の寂しさを〝狼〟になり、カッコよさによって紛らわせるという謎の手法を覚えて数日。俺が家で漫画を読んでいると、ジリリリリン！　とけたたましく電話が鳴る。

……きっと、いつもの電話だ。

と思うと億劫《おっくう》になる。でも俺しかいない。俺が出るしかない。

はぁ～と深いため息をつき、俺は電話に出た。

「ただしさんいますか～？」

電話越しに親父の下の名前を呼ぶ、けだるい感じの男の声が聞こえてくる。

その電話は、借金取りからの電話だ。

親父はちょっと危なそうなところから金を借りているようで、こんな電話が毎日のようにしょっちゅうかかってくるのだ。

俺が「いません」と答えると、借金取りの男は、

「ほんとにいないの？　毎日キミが出て、いないって言うけど。他に誰かいないの？　お母さんとか」

本当にいないんだよ。お父さんもお母さんも婆ちゃんも爺ちゃんも。俺も信じられないけど、俺は中学1年生にして、この家で一人暮らしをしているんだから。

俺は、

「僕一人で住んでるんです。お父さん帰ってこなくて」

と、このあり得ない状況を借金取りに説明する。と借金取りはブチギレて、

「そんなわけあるかよ！」

……ですよね。

そう思いますよね。俺もそう思いますよ。

でもそんなわけあるんです。俺も信じられないけど。でも、俺の話は借金取りに全く信じてもらえない。

この頃から俺は家電が鳴ると身体がこわばる。俺は、家電がすこぶる苦手だ。

ひとまず俺は、電話のことは忘れて漫画に戻――

ジリリリリン！

ビクッ！　と身体が跳ねる。

再び家中に電話の音が鳴り響く。……どうせまた借金取りだ。

あー、出たくない。でも出ないと何度も何度もかかってくる。

再び大きなため息をつき、

「……はい菅野です」

と覇気《はき》のない声で電話に出た。すると、

「直人⁉　あんた大丈夫なの⁉」

電話の主は借金取り、ではなく、かっちゃんだった。

かっちゃんからもこうして度々電話がかかってくる。俺が一人暮らしになると当然かっちゃんは、

「いいから東京に来なさい！」

と、東京に来ることを俺に強く迫《せま》った。

それでも俺は友達もいたし、バドミントン部にも入ったばかりだったし、何よりこの山々の連なる大自然に囲まれた山形が大好きだったので、そのお誘いをお決まりの
「大丈夫す」

と、いう冷静な一言で断った。が、今回ばかりはそれだけではかっちゃんもなかなか引き下がらず、

「じゃあ、私が山形に帰る」

と言い出した。俺はこの有り難いはずの申し出になぜか、

「そんなこと絶対やめてくれ！」

と突っぱねた。

普通なら大人に頼るべき状況のはず。中1で一人暮らしなんて普通に考えておかしい。そんなことはわかっていた。

それでも俺はかっちゃんが山形に帰ってくることだけは心底嫌だった。

べつに嫌いだったわけじゃない。むしろ大好きだった。そして、かっちゃんも俺のことを大事に思ってくれていることは中学生でもなんとなく感じ取れていた。

そもそもかっちゃんが東京に行ったのは、家が嫌になったということもあるが、家族のためにお金を稼ぎに行ったという側面も強いわけで。現にこの時、俺が貧乏ながらも生活できていたのは、かっちゃんからの仕送りと婆ちゃんの年金があったおかげだった。

そんなかっちゃんの「山形に帰る」という申し出を断ったのは、申し訳なさと、

一人でも暮らしていけるという見栄、そして菅野家男系の呪い〝カッコつけ〟からだった。

かっちゃんは、俺があまりにも頑なに、あまりにも強く突っぱねるものだから、山形に帰ることを諦めた。

もちろん何もしてくれない親父に代わって、仕送りとかの後方支援的なことは色々してくれていたけれど。


そんな経緯《けいい》もあって、かっちゃんからは度々連絡がくる。

しかし、そんなかっちゃんからの連絡に俺は「大丈夫す」「大丈夫す」と繰り返すばかりのそっけない態度。

もう完全に反抗期が変な方向に向いてしまっていた。

俺は一人で大丈夫。

俺は一人で生きていける。

かっちゃんにそう思わせたかったし、何より自分自身がそう思いたかった。

おそらくは、読んでいた漫画の影響だ。漫画のキャラクターでいくつか登場する、若いのに一人暮らし設定のクールなキャラクター。

俺は自分の状況と、そんな漫画のキャラクターを完全に重ね合わせた。そして、このクールでカッコいい一匹狼な状況に、いや俺がクールでカッコいい一匹狼だとただ思い込んでいた状況に、ますます身を置きたくなっていたのだ。

俺は、一人で生きていくことを固く誓うと同時に、この〝一人暮らし〟という状況を隠したくなっていた。

だって隠した方が、陰があってカッコいいから。

漫画のクールなキャラは、

「俺、一人暮らししててキチーんすよ～！」

なんてダサいことは他人には絶対に言わない。

俺は漫画のクールキャラに憧れて、この〝中1にして一人暮らし〟の状況を、友達はもちろん、学校の先生、周囲の大人、いやこの世の誰にもバレないように立ち回ることを〝制約《せいやく》〟にしたのだ。

うん、この〝制約〟という言葉がカッコいいから余計気に入った。絶対言わねぇ。

が、いきなり問題にぶち当たる。食事だ。

毎日外食していては、今の生活費ではとてももじゃないが持たない。そんなことは、簡単な足し算引き算で想像がついた。

となると自炊するしかない。

が、俺にできるのはグミ丼と焼きグミ丼と……うん、このままではまずい。料理も不味いし、物理的にもまずい。なんとか料理の仕方を体得《たいとく》しなければ。

ひとまずは、あのコクのまるでないクソ不味い味噌汁だけでもなんとかしたい。

最初に作って以来、ワカメと豆腐を足して再チャレンジしてみたものの、やはり不味いまま。コクも甘みもまるでない。味噌汁というのはどう考えても味噌にお湯、という仕組みのはず。間違えていないはずなのだが。ん〜。

しかし、何がなんでも誰かに聞くわけにはいかない。だってもし誰かに聞いたら、その人に、

「なんでお父さんかお母さんが作ってくれないの？　まさかキミ……一人暮らしなの⁉」


とバレてしまうかもしれないじゃないか。それだけは避けなければいけない。

クールでカッコいい狼設定を守るために。

人に聞かずに料理の仕方を体得する方法は何かないだろうか……と考え、そして、一つの妙案《みょうあん》を思いついた。

その瞬間、俺は、

「フン……」

と、鼻を鳴らし、ニヒルに笑った。

俺カッケェな！　と思いながら。

俺の思いついた計画はこうだ。

まず、俺は学校帰り、友達の池田《いけだ》に、

「スマブラやろーぜ！」

と当時俺たちの中でむちゃくちゃ流行《はや》っていた『大乱闘スマッシュブラザーズ』という対戦ゲームをやろうと誘う。

池田ん家に向かい、部屋でスマブラを始める。そこで池田に気持ちよ〜く勝たせる。そして「もう帰れよ」的な空気に決してならないように仕向けていく。

スマブラが楽しすぎることから時間は溶けるように過ぎていった。気がつけば、もう夜もだいぶ遅い時間。

そうなると、池田の母親からあの言葉が飛び出してくる。

「遅いし夕飯食べていく?」

池田の母親は優しいことから、夜が遅くなればこう言ってくることは俺の計算済みだ。そして、

「何食べたい?」

と尋ねてくる。

計算通り!

俺はすかさず池田のお母さんに言った。

「味噌汁！」

池田のお母さんは、

「この子、ずいぶん渋いものリクエストしてくるな……」

と思ったことだろう。でもそんなことは気にせず、俺はキラキラした目で池田のお母さんに味噌汁が食べたいアピールをし、計画通り味噌汁を作ってくれることになる。そして、俺は池田に、

「ちょっとトイレ行ってくるわ」

と言い、池田の部屋を出るとトイレ、ではなくリビングへ向かう。リビングの扉からキッチンが見えることは、すでに調査済みだ。

俺はその扉からこっそりと、決してバレないように池田のお母さんの様子を偵《てい》察《さつ》する。

池田のお母さんは俺のリクエスト通り、味噌汁を作ってくれている。よし、この味噌汁を作る工程を観察すれば、あの一切コクのないクソ不味い味噌汁から脱却し、爺ちゃんが作ってくれた味噌汁に近づくはずだ！

ただ、もし池田のお母さんが作る味噌汁がかっちゃん系のトリッキー味噌汁だった場合は、即撤退《てったい》だ。

池田のお母さんの味噌汁を作る様子をうかがっていると、

（ん？　今何入れた？）

池田のお母さんは、**味噌を入れる前に何やら粉末状の茶色い、金魚の餌《えさ》のようなものを入れ**——

「直人！　何やってんだよ」

ビクッ！　と身体が跳ねる。

俺が声の方に振り向くと、いつのまにか池田が俺の後ろに立っていた。そしてスマブラの続きをしようと半ば強引に池田の部屋へと連れ戻された。

くそ！　最後の工程まで見られなかった。

でも、あの茶色い粉末は一体なんだったんだろう……。俺はスマブラをやりながら茶色い粉末の正体を考えていた。

その後、池田のお母さんから料理ができたと声がかかる。

俺と池田はリビングに向かう。テーブルに並んでいたのは美味そうな唐揚《からあ》げと、味噌汁。

よし、シンプルな味噌汁だ！

俺が心の中でガッツポーズをしていると、池田が「いただきます」も言わずすぐさま唐揚げを貪《むさぼ》り食う。それをお母さんから注意される。

そんな中俺は、唐揚げには目もくれず、味噌汁をまるで千利休《せんのりきゅう》の如《ごと》く、丁寧にズビビといただく。

「――!!」

こ、れ、だ……っ！

まさにこの味噌汁は、爺ちゃんの作ってくれたあのコクのある味噌汁だ。

おそらく、あの茶色い金魚の餌のような粉末が鍵を握っていることは間違いない。茶色い粉末の正体を俺は探ることにした。

次の日、俺はスーパーを訪れる。そして、味噌の売っているコーナーを張り込んだ。

そして、味噌を買う奥様を見つけると、その人が次に何を買うか、買い物カゴには何が入っているかを、こっそりとバレないように観察することにしたのだ。

が、一人目も二人目も、あの〝茶色い粉末〟と思わしきものを買っている様子はない。

くっ……このままでは茶色い粉末の正体に辿り着けない……！　ここまでなのか……と諦めかけた三人目。三人目の奥様が、味噌を買うと、その足で調味料のコーナーに向かった。

そして、何やら箱を手に取り買い物カゴに入れたではないか。

俺は、足早に三人目の奥様が手に取ったものを確認しに向かった。

そこには……


「**だし**」

と書かれていた。

箱の裏を確認すると「**お味噌汁などに**」と書かれているではないか！

俺は三人目の奥様の横をダッシュで通り過ぎ、急いでレジに向かい会計を済ませ、そしてこれまたダッシュで帰路についた。

家に着くなり、荷物をリビングの床に放り投げ、そのままの勢いでキッチンへ向かう。

鍋に湯を沸かし、まな板を取り出し、冷蔵庫からワカメと豆腐を出し、切る。

そして、買ってきたばかりの「だし」の箱を半ば興奮状態で、もう無我夢中《むがむちゅう》で慌てて開封《かいふう》。箱に書いてある通りの分量を鍋に投入。

味噌を溶かし、ついに完成した味噌汁をお椀に注ぎ、一口。

「**……やっ……た……**」

俺は、誰の力も借りず、実力で理想の味噌汁に辿り着いたのだ。

やったよ。やったよ、爺ちゃん。

俺、少しはあんたに追いついたかな。俺の頬にはひとすじの涙……が流れている方がカッコいいので流れたことにした。

パーフェクト味噌汁と白飯を食いながら、爺ちゃんを思い出していると、あの「竜馬」の味がふと頭をよぎった。

俺は次の食事で、あの〝味噌なす野菜炒め定食〟を作ってみることにした。

別に「竜馬」に行ってもよかったのだが、金もないし。

なすを買ってきて、適当な野菜と肉を入れ、味噌で炒めてみる。

皿によそうと、なんだか「竜馬」で食べたものに近い、それっぽいものができた。白飯と共にかきこんでみる。

……美味くない、わけでもない。が、何かが足りない気がしてしょうがない。

初期の味噌汁と同じで、なんか物足りない。やはりコクというか、何かが……。

コク！　そうだ、コクだ。

ということはあの〝だし〟をかければコクが生まれるはず。俺はとりあえずだしを適量〝味噌なす野菜炒め〟にふりかけ、そしてまた一口。

……なんか違う。

美味くないことはないのだ。でもなんか違う。こういうことではない。

……まさか――

俺は、一つ思い当たることを感じ、食べていた箸を放り投げ、財布を持って急ぎ家を出た。

そしてダッシュでスーパーへと入った俺は、一目散にあのだしの売っていた調味料コーナーへと向かう。そこにあったのは、

「**中華だし**」

中華版もあんのかい。

こうして俺は、自分の力だけで、「だし」と「中華だし」に辿り着き、主な食

事を白米、味噌汁、味噌なす野菜炒めとした。

が、まだまだ問題は残されていた。食事の次は洗濯だ。

洗濯も、婆ちゃんが洗わずに、〝ただ干すだけ〟というとんでもない手法をとっていたせいで、やり方が全くわからない。

しかし、大人に聞くことは決して許されない。聞くのはカッコ悪い。

漫画のクールキャラは、

「洗濯ってどうやってやるんすかね～？」

なんて絶対大人には聞かない。だから俺も聞かない。

とはいえ、洗濯機には「洗濯するのにこんなにボタンが必要なのか？」と思わずにはいられないほど数多くのボタンが取り付けられている。

おそらく洗剤を入れることは間違いないが、それをどこにどう入れていいのかもさっぱりわからない。もはやお手上げだ。

……が！

俺にはすでに、人に聞かず、大人に頼らずに洗濯の方法を知る計画が頭の中にあった。だからその瞬間、俺は、

「フン……」

と、もはや慣れた感じで鼻を鳴らし、ニヒルに笑う。

やっぱり俺カッケェな！ と思いながら。


俺の思いついた計画はこうだ。

まず、俺は学校で友達を増やした。とにかく増やした。

そして、新しくできた友達の家に片っ端から遊びに行き、隙《すき》をみて洗濯機を見て回った。この時点では、見るだけだ。

なぜこんなことをしているのか。

それは、洗濯機は〝型〟によって操作が違うからだ。

俺はまず、自分の家と同じタイプの洗濯機を探すところから始めた。何人もの友達の家を訪れ、必死に自分の家と同じような洗濯機を探す。

あった！

7軒目、川辺《かわべ》の家がうちとほぼ同じタイプの洗濯機だったのだ。よし、これで洗濯方法習得計画をフェーズ2に移行できるぜ……。

次の日、俺は川辺に「戦いごっこしよーぜ！」と持ちかけた。

説明しよう！　戦いごっことは、お互いが30個ほどの泥団子を作りただ投げ合う、身体がただただ泥だらけになるという不毛な遊びである。

ひとしきり泥団子を投げ合い、川辺と俺の体は泥だらけだ。戦いごっこが終わり、俺はすかさず川辺に言った。

「スマブラやろーぜ！」

と。俺は川辺と、泥だらけのまま、川辺ん家に向かった。

玄関先で出迎えた川辺のかーちゃん。すると川辺のかーちゃんが、

「なんでそんな汚れてるのよ！」

と驚愕《きょうがく》する。

ふふふふふ……ははは！　計算通り！


さぁ、こんなに汚れた少年二人がいたら、何をするんだ川辺のかーちゃん？

当然、こう言うよな？

「そんな汚い格好であがっちゃダメ。洗濯するから二人とも服脱ぎなさい！」

はい、ミッションコンプリート。

俺はこの後、こっそり川辺のかーちゃんが洗濯する様子を拝見《はいけん》させていただいたのだった。


こうして俺は漫画のクールキャラのように、大人に頼ることなく、聞くこともなく、誰にも〝一人暮らし〟とバレることなく、自分の力だけで様々な家事スキルを習得していったのだった。

8 ― 知らない霊媒師

その日、部活が終わり、俺はいつもの道を通り、いつも通り家に帰ってきた。

そしていつも通り普通に、玄関を開けながら「ただいま～」と声に出す。

……誰もいないけど。


なぜこんなことをしているのか。

寂しいから、というわけではない。周囲に一人暮らしをしていることがバレないよう、周囲の人間を欺《あざむ》くためにしているのだ。

俺は、一人暮らしをしている間、家に鍵をかけることがほとんどなかった。

盗まれるものが家にないから、というわけではない。もし家に鍵をかけていたら、家に帰るたびに鍵を使って家に入ることになる。

俺しか住んでいないのだから当然だ。

が！　そんな鍵っ子生活をしていて、万が一にでも周囲の奥様連中にその姿を見られようものなら、

「あの子、いつも自分で鍵を開けて家に入ってるわよね？　もしかして……一人暮らしなのかしら⁉」

とバレてしまうかもしれないじゃないか。

それだけは避けなければいけない。クールでカッコいい狼設定を守るために。

だからこの日も普通に鍵のかかっていない玄関扉を開け、いつも通り誰もいない家に向かって、「ただいま～」と声を出したのだ。

が……いつもと違ったのはここからだった。

「おかえり！」

いつもと違い、俺のただいまに返事があったのだ。

声の主は……親父だった。

親父は、ほんと、めちゃくちゃ、たま～～～に家に帰ってくる。

帰ってきてくれて嬉しい！　という感情は申し訳ないが一切ない。

なぜなら、**親父が帰ってくると絶対に〝最悪な出来事〟がもれなく起こる**からだ。そしてこの時も、とんでもなく最悪な出来事が起こった。


俺がリビングに行くと、親父が、スーパーで買い込んだ酒やつまみをやりながら、俺の全く知らないおっさんと酒盛りをしていた。

（いや誰よ）

と、心の中でツッコむも、大体の見当はついていた。

というのも、親父はスーパーに行くと、たいてい一人は友達を作ってくる。親父はそういうコミュ力お化け、いやコミュ力の神と言える能力を持っていた。

だから、この誰か知らないおっさんも、おそらくスーパーで知り合った、今日友達になったばかりのよく知らない男だろう。

親父は俺に、

「おい！　たもっちゃんと一緒に飯食うぞ！」

と。

（いや誰よ、たもっちゃん）

と思いつつも、親父の奢《おご》りみたいだし、まあ一食分食費が浮くと思えばアリか、と俺は親父と、たもっちゃんこと知らないおっさんと飯を食うことになった。

親父は酒を煽《あお》りながらたもっちゃんに、

「おまえ、なんの仕事してんだよ」

と尋ねる。たもっちゃんは、

「あ、自分、霊媒師《れいばいし》です」

……ん？　れいばいし？

「普段は悪霊《あくりょう》の除霊《じょれい》をしてます」

……ヤバ。親父、大ハズレ連れてきてんじゃねーか。

でも親父は、そういうオカルト系の話を全く信じない人だったから、

「嘘つけおまえ。そうやってナンパして、おっぱいとか揉《も》んだりしてんだろ？

あ？」

親父の返しもヤバ。

すると、たもっちゃんは親父に少々腹を立て、

「べつに僕の仕事を馬鹿《ばか》にしてもらうのはいいんですけど、霊というのはそういうのを一番嫌うんで、やめてください。今も怒ってますよ」

「怒るか！」

そんな親父とたもっちゃんとのやりとりが、やきとりを食べている俺の前で繰り広げられる。

さっさと食って、2階の自分の部屋で漫画読もう、と俺は飯を急いだ。

俺が食べ終わった頃、たもっちゃんは親父に、

「わかりました。じゃあ僕の仕事が本当だっていうところを今度お見せします」

たもっちゃんはそう告げ、次の土曜日に駅前にある喫茶店に来るよう、親父に伝える。親父は、

「あぁ、わかった。行ってやるよ！」

と意気揚々と答えた。そこまでの話を聞き、俺は2階の自分の部屋へと戻った。

そして土曜日の朝。俺は、朝から池田ん家で、川辺と庄司と四人で「誰が一番スマブラつぇーか決めようぜ大会」をやる約束をしていた。

今日を楽しみに平日のつまんねー授業も、きつい部活も乗り切ったと言っても過言《かごん》ではない。そのくらい俺は楽しみにしていた。俺がルンルンで出て行こうとすると、靴を履《は》く俺の前に親父がやってくる。

……あー、嫌な予感がする、と思った矢先、

「俺行けなくなったから、おまえ代わりにたもっちゃんのいる喫茶店行ってこい！」

(なんでだよ……！　今日はみんなでスマブラなんだよ)

俺は親父に、

「今日は友達と盛り上がる予定なんだよ」

と断ろうとすると、親父はそれを見越してか否か、

「冷蔵庫にやきとり置いてあっから帰ってきたら食べろ」

と言い残し、先に家を出て行った。

結局俺は、一食の食費代に釣られ、スマブラを泣く泣く諦め、たもっちゃんがいる駅前の喫茶店の前まで来ていた。

すると、店の中からたもっちゃんが現れる。たもっちゃんは俺を見るなり、

「あれ？　お父さんは？」

と。代わりに行けって言われたなんて言っていいものかと迷った俺は、

「まぁ、後から、はい」

となんとなく濁《にご》して答えた。

たもっちゃんは、「えー……」と困った様子で、

「でも始めないともう危ないし……まぁいい。とりあえず入って」

と俺を喫茶店の中へと連れて行く。

そこは割と広めの、2階席のある吹き抜けの喫茶店で、中には喫茶店のマスターらしき男性と、その娘さんだという二十歳《はたち》前後の女性がいた。

たもっちゃんは俺に、

「危ないからキミは2階で見てて」

と2階の席から1階の除霊の様子を見るようにと伝えてくる。

いや、除霊の様子って、と俺は少し笑いそうになってしまうが、ここでそんな態度を取ったらものすごく怒られそうな雰囲気だったので、必死に我慢した。

その日、喫茶店は臨時休業にしていたらしく客はいない。

1階は普段おそらくテーブルや椅子が置かれているんだろうが、それらを全部端に寄せ、その代わりに部屋の真ん中に椅子が1脚置かれ、そこに娘さんが座らされていた。どうやら、この娘さんに霊がついているらしい。

お父さんであるこの店のマスターは、娘から少し離れたところで様子を見ていた。

たもっちゃんは、座った娘さんの周囲を盛り塩で囲っていく。

四つの四角で囲うと、たもっちゃんは、

「始めます」

とマスターに一礼した。そして、何やら念仏《ねんぶつ》なのか呪文《じゅもん》なのかわからない言葉を呟き始める。

ヤベー……なんだこれ……帰りてぇ……と思わずにはいられない俺。

娘さんも自分が何をされているのかわからないようなキョトンとした様子だった。が、その時、

「キエェエエエエ！！」

と、突然たもっちゃんが奇声をあげた。その瞬間！

娘さんはガタガタと震《ふる》え出し、白目をむき、全身に力がこもっているのか、女性なのに筋肉の隆起《りゅうき》まで見え、明らかに常軌《じょうき》を逸した様子になった。

そんな娘さんのナニカと格闘《かくとう》するかのように、力一杯念仏的な何かを唱えるたもっちゃん。

え⁉　え⁉　と俺が混乱している中、しばらくすると娘さんの震えはゆっくりと止まり、そして気を失ったようにぐったりとした。

たもっちゃんはマスターに、

「除霊完了です。この子にすみ着いていた悪い霊は取り除かれました」

……ホントだったのかよ。気持ち悪《わ》りぃ……。

その後、たもっちゃんは俺に、

「この子から取れた悪霊は、今浮遊《ふゆう》している状態だ」

と言ってくる。霊をパーソナルスペースに入れると、今度は俺や親父に取り憑く可能性があるから、家に帰ったら俺の部屋や親父の部屋の前に必ず盛り塩を置くように、と。それが結界《けっかい》になって、霊が入ってこられなくなるから、と言うのだ。

俺は、もう猛ダッシュで一目散に家に帰ると、自分の部屋の前と、隣にある親父の部屋の前に塩を盛りに盛りまくった。親父の部屋より俺の部屋の方がちょっと大きくなる感じで盛った。

その後、俺は親父の携帯に電話をして、喫茶店であったことを話した。

そして親父の部屋の前にも盛り塩をしたことを伝えると、親父は、

「置くなそんなもん！　気持ち悪りぃ！」

そして、親父は俺に「負けるな！」と強く言い放つ。

勝ち負けの問題じゃねーだろと思いつつも、親父は、

「塩を置いた段階でおまえの負けだ。信じてるってことだ。怯《おび》えてるってことだ。んなダセー男になんじゃねー」

と。そこまで言うものだから、俺は親父の部屋の盛り塩を撤去《てっきょ》した。


そして、その日の夜中。俺が寝ていると、玄関の扉をガチャガチャと開けるうるさい音が響き、俺は目を覚ました。

親父は、うちに帰ってきている時は大抵《たいてい》夜中に酔っ払って騒がしく帰ってくるか、朝方酔っ払って騒がしく帰ってくるかだ。

この様子だとまたずいぶん酔っ払ってるな……。親父はとにかく扉の開け閉めの音がうるさい。この日も、真夜中にもかかわらずドタドタとうるさい音が響く。しばらくすると、今度は俺の部屋のドアノブをガチャガチャと開けようとする音が聞こえる。

俺の部屋はべつに鍵がかかっているわけでもないのだが、酔っ払ってうまく開

けられないのか俺の部屋に入れないでいる様子。

いやそもそもあんたの部屋は隣だよ……と呆《あき》れていると、部屋を間違えていることに気がついたのか、ドアノブの音が止む。

再び眠りにつこうとすると、今度は隣の親父の部屋からなんだか暴れているような大きな音が聞こえてくる。

おいおい、どんだけ飲んだんだよ……。俺は布団に潜り込み、無理やり眠りにつくことにした。


次の日の朝。俺が目を覚ましてすぐのことだった。親父が玄関扉をガチャガチャと開け、帰ってくる音が聞こえる。

……ん？　昨日夜中、帰ってきてたのに？

あれは夢だったのか？　と思いつつも、とりわけ気に留めることもなく、寝起きでぼーっとしていた。

すると、親父が突然、俺の部屋の扉をバタン！　と、デカい音をたてて開ける。

ビクッ！　と寝起きのぼーっとした頭が一気に覚醒《かくせい》する。そして親父の、

「オイッッ！！！」

と、これまた馬鹿デカい声が俺の耳をつんざく。

なんだよ朝っぱらから……。

「おまえ、俺の部屋で友達呼んで盛り上がったろ⁉」

親父は、意味不明なことを言ってくる。

俺が何もしてないことを伝えても親父は信じてくれない。それどころか親父は俺の腕を無理やり引き、親父の部屋の前まで連れていかれ、

「じゃあ俺の部屋がなんでこんな荒らされてんだよ！」

親父の部屋を見ると、親父の部屋がむちゃくちゃに荒らされていた。

俺は……この瞬間、ピンときてしまった。これは……


あの悪霊の仕業だ。

夜中聞こえた音は全部悪霊が入ってきた音で、俺の部屋は盛り塩で結界を作っていたから悪霊は入ってこられず、親父の部屋には盛り塩をしてなかったから悪霊が入り悪さをしたのだ！

ヤバ。マジじゃん。マジのやつじゃん。

と俺が震え上がっていると、親父は、

「おまえ昨日言ってたもんな！　友達と盛り上がる予定だってな！　おまえがふざけてやったんだろうが！」

俺は、俺じゃないことを親父に必死に伝えた。

でも親父は、

「おまえ以外誰がいんだよ！　おまえ以外いねーだろ、この家！」

とブチギレ。親父は、

「仕返しだ！」

と、俺の部屋をぐちゃぐちゃに荒らす。

そんな親父を見つつ、止める気力もなく、なんなんだよ……とうなだれた。

よくよく考えると俺が親父の代わりに行きたくもない除霊現場に行かされて、なんでこんな目に遭わないといけないいんだよ……。

盛り塩して入ってこられない悪霊と、盛り塩してても入ってきて部屋を荒らす親父、もはやどっちがマシかわかんねー、と荒ぶる親父を見つつ呆れた。


結局、この時の出来事が本当に悪霊のせいだったのかはわからない。

あるいは親父が酔って一度帰ってきて、もう一回出て行って、帰ってきたのを忘れていたのか、あるいはたもっちゃんが信じさせるために鍵開けっ放しの我が家に忍び込み、親父の部屋を荒らしたのか……。

ただ一つだけ確かなことは、これが〝最悪の出来事〟だったということだ。

9　カマを持った泥棒VS.俺

親父は数日経って、また姿をくらました。

再び中学生一人暮らしライフが始まる。ずっと一人でいるとだんだんと孤独にも慣れてくるのだが、ちょっとでも家に人がいる期間を経てまた一人になると、結構な寂しさを感じてかなりのダメージを食らう。

特に寂しさを感じるのは冷蔵庫だ。うちにある冷蔵庫は五人で暮らしていた時から使っていたものだから、デカいファミリータイプのものだ。ただ、今この家に暮らしているのは俺一人。当然一人ではこのデカい冷蔵庫を持て余す。

学校から帰ってきたばかりで腹が減っている。が、冷蔵庫の中を見たくない。見ると寂しくなるから開けたくない。でも腹は減った……。

俺は一度大きくため息をつき、仕方なく冷蔵庫の扉をガコッと開ける。と、ほぼものが入ってなくて、ガランとしている。

きゅうりが一本と、ラップに包まれたなすが半分。それと、親父の残していったやきとりの食べさしが1本……。

いかん。いかんいかんいかんいかん！

これはいかん。このままでは、寂しさに押し潰されてしまう！

こんな時は……狼モードだ！

俺は、孤独を楽しむ、山形の狼。

そうだ、今日は水曜日だ。

水曜だったら、アレをやろう。アレで寂しさを紛らわそう。

アレとは、最近編み出した最新の寂しさ紛らわせ狼術だ。

俺は炊飯器にあったご飯を急いでおにぎりにして、ラップに包み、それを持って足早に家を出た。


向かったのは、友人の秋田《あきた》の家。

俺は秋田の家の前まで行くと、チャイムを鳴らす……わけではなく秋田の家の裏手に回る。

秋田の家は木造で、家の中の声とかテレビの音とかがめちゃくちゃ漏れ聞こえてくる家だった。裏手に回ると、そこはキッチンの換気扇《かんきせん》のすぐそばで、換気扇からは秋田の家の晩飯の匂いが漂ってくる。

そんな匂いと共に聞こえてくるのは、水曜のバラエティー番組『クイズ！ヘキサゴンⅡ』の音。

秋田の家で、家族揃って『ヘキサゴン』を楽しんでいる声が聞こえてくる。おそらく晩飯を食いながら家族で見ているのだろう。

なんて平和な家族なんだよ全く。そんな中、俺は孤独……。やれやれ。人生はなんて不公平なんだろう。

俺は、そう思いつつ、ポケットに入れていたおにぎりを取り出す。そして秋田の晩飯の匂いを嗅ぎながら、『ヘキサゴン』の音と、『ヘキサゴン』を楽しむ家族の声を聞きつつ、おにぎりを頬張った。

その瞬間だけ、何だか俺も秋田の家族の一員になった気がして寂しさが紛れた。

こんなことしてる自分、なんて孤独なんだ……と孤独に酔いしれる狼に浸ることもできた。

うん。だんだん寂しさを紛らわせる方法をこじらせつつあるな……。と、そこで秋田の兄が帰宅する音が聞こえてきた。

秋田の兄はヤンキーで、平和な秋田家に不穏な空気が流れる。

楽しげな『ヘキサゴン』の音とは裏腹に、ヤンキーの兄に何かされたのか、秋田のお婆ちゃんの悲鳴が聞こえてくる。

「あ～ヤダヤダヤダ違う違う違う」

こんなの聞きにきたんじゃない。

嫌な気持ちになったので、俺は足早に帰宅した。

寂しさは秋田家『ヘキサゴン』で適度に紛れたものの、まだまだモヤモヤが残っていた。もう今日はさっさと寝よう。

こういう時は寝るのが一番。寝て起きたらまた平和な朝が来る。朝さえ来れば学校に行ける。学校に行けば友達と遊べる。寝よう。

俺はさっさと自分の部屋に引っ込み、早々にベッドに横になった。


……寝れん。

こんな時に限って、全く眠れない。

ベッドに入ってかれこれ何時間が過ぎただろうか。寝ようと思っても寝られず、漫画でも読んでたら眠くなるかと思って、枕元に置いてあった電気スタンドだけをつけて『テニスの王子様』を1巻から読み直し始めた。

が、読めども読めども眠気は来ない。おいおい山吹戦読み終わっちゃったぞ。なんでこんな時に限って寝られないいんだよ……。

時計を見ると、針は2時を指している。もう真夜中じゃねーかよ。もうそろそろマジで寝ないとヤバい。明日部活もあんのに。

俺は漫画を閉じ、電気スタンドを消して布団に潜り込み、目をつぶった。

寝れん！　くそ～～

と思ったその時、

ジャッ、ジャッ

と、うちの駐車場のあたりに敷いてある砂利を踏む音が聞こえた。この音は、俺にとって誰か人が来たサインだ。

親父め、またこんな時間に帰ってきやがって。また面倒ごと起きなきゃいいけど。いや、どうせ起こるんだろうな。やれやれ。

……ん？

おかしい。いつもならこの砂利を踏みつける音がした後、扉を開ける馬鹿デカい音が聞こえるはずだ。それなのに……。

聞こえてきたのは、扉を開けるデカい音ではなく、網戸《あみど》をゆっくりこっそり開ける、ギーッという音だった。

いやいやいや。え……。嘘だろ……。

この感じって……まさか、

泥棒《どろぼう》？


嘘だ嘘だ。

そんなわけない。

親父だろ？　親父だよな？

親父であってくれよ。家の鍵なくして、庭から入ろうとしてるとかそういうことだろ？

俺が戸締まりなんて適当にしてるって知ってて、それで庭から入ろうとしてんだよな？　そうだよね⁉

耳を澄ますために静かにしているのとは正反対に心の声はものすごくやかましい。

このままじゃダメだ。とりあえず様子を見にいかないと。俺は物音を立てないようにベッドから起き上がり、とりあえず適当に武器になるものを持つ。

そして、最近かっちゃんから防犯用にと買ってもらった携帯を手に持ち、携帯の画面で床を照らしつつ、2階にあった自分の部屋を出た。

音を立てないようにゆっくりと進み、階段の踊り場まで行く。

と、そこからリビングが見える。リビングは明かりがついておらず、誰かが懐中電灯か何かで部屋を照らして、何やら物色している様子がうかがえた。

いや……確定ですやん。

親父じゃないですやん。マジ泥棒ですやん。

えー……どうすんねん……！　と心の関西人がしゃべり出す。

と思ったその時——

俺の携帯の着信音が馬鹿デカい音で鳴る！

俺の心臓が跳ねる！

友達の川辺からの電話だ！

いやこんな時間に！　それよりこんなタイミングで！

しかし、その音で驚いたのは俺だけではなかった。

リビングにいた奴も驚いたのか、何かを落とした大きな音が聞こえた後、バタバタと家から走って出ていく音がした。

俺はリビングに向かい電気をつけると、そこには……


カマが落ちていた。


あ……あっぶねぇ……！

俺、殺されるところだったのかよ！

俺は腰を抜かして、しばらく立てずにいた。

その後、俺は警察を呼んで、警察の人が家に来て、色々してもらって、その日は結局寝られずじまいだった。


しばらくしてから、俺の家に入った泥棒が捕まったと警察から連絡があった。

その泥棒は、郵便局に強盗《ごうとう》に入ったらしい。俺の家から採取《さいしゅ》した指紋《しもん》とその泥棒の指紋が一致したんだとか。

うっすらと期待していた「やっぱり親父でした〜」というオチの可能性は0になった。


その後、俺は、当分の間、窓と階段が死ぬほど怖くなる。

夜、寝る前には戸締まりの確認をしないと気が済まない。でも確認したところで、今度は2階に上がるのが怖い。もはや階段を上ることが怖い。

とりあえずテレビでバラエティー番組を観てテンションを上げ、

「今なら上れる！」

という気持ちになった瞬間、テレビをバッと消して、ヤア！　と、あり得ないスピードで階段を駆け上がる。

息を切らせて自分の部屋まで辿り着くと、寝巻着にサッ！　と着替えて、布団にスッ！　と入り目をつぶる。

……寝れん。

今度は、本当に戸締まりができているのか不安になったからだ。再び家の全ての窓や扉をチェックしないと不安でたまらない。

戸締まりを確認しに行こうとする。が、今度は階段を下りるのが怖い。踊り場から先が下りられない。

また泥棒がいたらどうしよう。カマを持った凶々《まがまが》しい表情の泥棒がいることを想像すると、その場から動けなくなる。

だから俺は、一回部屋に戻って、漫画を読む。30分ほど『はじめの一歩』を読み、気持ちを強くし、闘争心を掻《か》き立て、

「俺は行ける！　俺は行ける！」

とデンプシーロールをかましながら、なんとか階段を下りる。下りたら再び戸締まりを全て確認する。

階段を下りたら左手にすぐトイレと風呂がある。風呂には脱衣所と浴槽《よくそう》の上に小窓が一つずつあり、そこはちょうど人がよじ上ってこられる高さで、そこがまた異常に怖い。

俺は、泥棒がいた時を想定してあえてバンバン！　と壁を叩いて大きな音を立てる。

それは、親父がデカい音で扉を開け閉めすることから、親父みたいなヤベー強い奴が来たぞ！　といもしない泥棒にアピールするためだ。

なんとか小窓の戸締まりを確認すると、次はリビングに向かう……。

そんな感じで全ての鍵という鍵を、夜中に何分もかけて確認する。そしてまた

部屋に戻ろうとすると、今度はまた階段を上るのが怖くて――その繰り返し。

そんな人生で最も無駄だと思える地獄の作業を、当分の間、もう毎晩のように繰り返した……。

10　世にも奇妙な親父と五人の子供たち

一人暮らしをしていてだるかった作業は料理と、掃除だ。

掃除はとにかくだるい。やる気にならない。でもやらなかったら誰もしてくれないからどんどん部屋は汚くなる。

このままではいかん。掃除しなければ。と思うがなかなかその気にならない。

そんな時、俺は録画していたドラマ『池袋ウエストゲートパーク』、通称『IWGP』を見る。

粗暴《そぼう》な主人公が、「めんどくせぇめんどくせぇ」と言いながらも家のことをやる姿を見て、それを自分と重ね合わせ、家事をするスイッチを入れる。

そうすると、「めんどくせぇ」と言いながら家事をしている自分がカッコいいと思えた。

とにかく俺は〝カッコいい〟と思えればできなんでもできる、そんなマインドが備わっていった。

とある土曜の朝。親父から突然、

「おまえ今日何してるんだ」

とメールがきた。俺は、

「べつに……特に……」

と返すと、すぐに返信がきて、

「じゃあ迎え行くから待ってろ」

と。今までもそんな感じで飯に連れて行かれることがあったから、今回もそれか、と思う。

正直めんどいなと思いつつも、たまの外食ができるのもラッキーと思えたし、俺は素直に親父に従うことにした。

しばらくすると、親父が家に迎えに来る。親父が俺を連れて向かったのは……あの喫茶店。

ここって、あの、霊媒師たもっちゃんが除霊した女の子のいた喫茶店じゃねーか……！

え～もうなんか、すげー嫌な予感しかしないんですけど。

俺は親父と共に喫茶店に入る。

と、大きめの丸テーブルを囲んで子供が四人座っている。

俺と同学年くらいの、俺に雰囲気の似た男の子が一人。年下っぽい子で小２くらいの襟足金髪子供ヤンキーみたいな男の子が二人。そしてベビーカーに乗せられた赤ん坊が一人。

俺は、親父に促され、その丸テーブルの空いている席に座る。親父も座るかと思いきや、親父は立ったままで。

すると、親父があまりにも唐突にこう言った。


「よ～い、スタート！」


……いや、何が？

親父はそれだけ言い残し、店から出て行ってしまう。

は？　どういうこと？

もうあまりにも唐突なことで、俺は唖然とする。わけがわからない。これ、この後どうしろと？

残された、俺を含めた五人の子供たち。全員男。

他の客はいない。そこは、俺たちだけの謎の空間。

おそらくこの謎の空間で、年長者であろう俺。俺が、この謎の空間を回すしかないのか。

めんどくせぇ……。

俺は心の中で『IWGP』を再生し、そんなめんどくせぇことをやる俺、カッケェとセリフマインドコントロールし、俺以外の子供四人に向かって口を開いた。

「うん、……ね……」

いや、やっぱ何言っていいかわからんわ。

「えー……うん。みんなは……誰なんだろう？　ははは」

笑うしかない俺。誰も何も答えない。俺のから笑いだけが、店に響いた。

キッツ！　何これ！

誰も、一言も、うんともすんとも言わない。お互いが誰なのかもわからない。

そんな地獄が1時間ほど続いた。しばらくして親父が帰ってくる。

「どうだった？」

いやどうもこうもねーわ！　なんなんだよこれは！

「なんだ、何も話さなかったのか。……まぁいいか」

は？　と困惑する俺を他所《よそ》に、謎の五人の子供たちはそれぞれ帰宅していった。

いや、なんだったんだよ、あの時間!!

そんな史上最悪の無駄な時間を過ごしたのだが、驚愕したのは、そのあと親父から一切！　なんの説明もなかった、ということ。

あの五人が誰だったのか、なぜ親父はあの空間に五人集めたのか、親父は一体何がしたかったのか。一切は謎のまま……。

だから、ここからは俺の推測だ。

もしかしたら、あの五人は全員腹違いの兄弟だったのではないだろうか。

つまり、全員親父の子供。

親父はいたるところで女の人に手を出しまくっているみたいだし、ありえない線ではない。

よくよく思い出してみれば、全員の顔が親父に似ていないこともない。ような気がする。うん、あくまで気がするだけ。

もし仮に、あの五人全員が親父の子供だったとしたら、親父がやろうとしていたことは、

「この中で誰が一番の子供か決めろ」

的なことだったのではないだろうか。

誰が俺の意志を継《つ》ぐのか的なことをやろうとしてたのではないか。天下一親父武闘会を……。いや赤ん坊不利すぎるだろ。

ん～……考えても考えてもわからない。腹違いの兄弟だったとしてもこれから一緒に住もうなんて発想を親父が持っていたとは到底思えないし……もはやただのおもしろ半分としか……。

結局、一切が謎のままだ……。

何もかもわからずじまい。

わかるのは、親父が死ぬほど自由な男だ、ということだけだ。

11 『高校進学が如く』

一人暮らしの生活が何年か続き、ずいぶん一人暮らしも板に付いてきたし、「一人暮らしじゃない感」を演出するのも様《さま》になってきた。

例えば、弁当だ。

その日はバドミントン部の日曜練習の日。俺はバドミントンに打ち込んだ。バレないように適度にサボったりもしつつ、適度に頑張った。

そして迎えた昼休み。普段は給食だが、今日は日曜のため皆、弁当持参。当然俺も弁当。朝早めに起きて自分で作った弁当だ。そんな弁当を開けて俺は友達の前で言う。

「うわ〜、インゲン入れんなって言ったじゃゃ〜ん」

自分で作った弁当に、自分でケチをつける俺。当然これも〝一人暮らし〟ということがバレないようにするための演出だ。

俺の作る弁当のテーマは「**お母さんの手作りっぽいお弁当**」。中にはなんと〝インゲンの胡麻和え〟が入っている。

中学生男子が自分で作る弁当に、自分で〝インゲンの胡麻和え〟を入れるとはよもや思うまい。

もちろんそれだけではない。ご飯にかかっているふりかけは、市販ののりたま的な色鮮やかなものではなく、渋く〝ごま塩〟。

そしてフライドポテトではなく〝ふかし芋〟。ずっと大好きなあの〝味噌なす野菜炒め〟も入っている。どれもこれも中学生が好きな食べ物リストには入ってないラインナップ。

う〜ん完璧だ。完璧なる〝お母さんの手作り弁当〟だ。俺が作ったなんてバレるわけがない。

こうして完璧な「一人暮らしじゃない感」を演出しつつ、俺は中学生生活をそこそこ楽しんだ。

中学3年になったある時、かっちゃんがまああのお金持ちの人と結婚することになった。お相手は公務員の方。俺も数回会ったのだが、感じのいい、とても穏やかな人だった。

マサルおじさんというのだが、かっちゃんのことだけでなく、俺のこともずいぶんと気にかけてくれている。

そして、中学3年も半ばに差しかかった頃、本格的に進路《しんろ》を決めなければいけないタイミングがやってきた。

しかし……俺は一つ大きな問題にぶち当たっていた。

俺は、全くと言っていいほど、お勉強ができなかったのだ。

中学生の一人暮らしだ。勉強をしなくても、宿題をしなくても、朝まで漫画を読んでても、朝までゲームに明け暮れてても、誰にも注意されない。そんな環境で、中学生が勉強などするわけがない。

俺の今の学力でいけるところとなると、私立の高校になる。私立の高校に行くとなると、それなりの授業料がかかってしまう。

俺は一人で生きていく。そう決めて、今までかっちゃんにはなるべく頼らずに生きてきたつもりだ。仕送りはもらってたけど。

そんな山形の狼である俺が、勉強ができないという理由でかっちゃんを頼り、高い授業料を払ってもらうというのは、なんだかとてもダサい気がした。

しかし、勉強は全くする気にならん。でも勉強しないと学費の安い公立高校には行けない。ん〜。

と俺が悩ましく思っているところに、
ジリリリリン！

と、けたたましく家電の音が鳴り響く。また親父の借金の取り立てか、あるいは――

「もしもし直人！　あんた高校受験どうするつもり⁉」

今回ばかりは借金取りでもよかったのだが、タイムリーにかっちゃんから電話がかかってきて、タイムリーに悩ましい話題を振ってくる。

かっちゃんは俺に公立の高校に入るよう迫ってきた。

理由は学費というわけではなく、単純に俺の将来を心配してのことだった。が、俺はそんなかっちゃんに対していつも通り、

「大丈夫す」

「いや、何が大丈夫なのよ！」

ごもっとも。大丈夫ではない。

だって今のままじゃどう転んでも公立高校になんて行けないんだから。

「一人だからってこれ以上勉強サボるんだったらもう許さないからね！　仕送り減らすから！」

ぐっ……！　それだけは勘弁《かんべん》願いたい。

が、ここでへこへこ下手に出るわけにはいかない。山形の狼はそんなことでへこへこしない。だってダサいから！

とはいえ、打開策《だかいさく》はない。俺が黙り込んでいると、かっちゃんに代わり電話に

出たのは、マサルおじさんだった。

マサルおじさんは、

「じゃあ、もしかっちゃんが望む公立高校入れたら、１００万円あげるよ」

は⁉

ひゃ、ひゃくまんえ⁉　……え？　マジで？

「で、高校卒業できたら、車買ってあげる」

……正気か？　この金持ち。

「どうする……？　勉強、する？」

待て待て待て。

よく考えろ山形の狼。

俺は一人で生きていくと誓った男。大人に頼らず一人で生きてきた男。なのに授業料を頼るどころか、１００万だの車だの、頼りに頼りまくってる提案を受け入れるなんて断じて——

「公立高校行きま〜す。勉強しま〜す」

思いとは裏腹に、自分でも驚くほどご機嫌な声が出た。

こうして、１００万円と車のために猛勉強する日々が始まった。受験まではもう日がない。必死で頑張らねば。

と思うが、ここで完全に一人暮らしの弊害《へいがい》が出た。やる気になるのは最初の10分かそこらで、あとはどうしてもサボってしまうのだ。

いやいや無理ですって。中学生一人で勉強とか。できる奴すごいって。漫画読んじゃうって。

勉強するためにテンション上げるって名目で『ＳＬＡＭ ＤＵＮＫ《スラムダンク》』読み返し始めたら気が付いたら海南大附属のあたりまで読んでるって。

いやいやいやいや！　逃げちゃダメだ逃げちゃダメだ逃げちゃダメだ！　１００万円あったら何ができるよ⁉　ゲームソフト何本買えるよ⁉

今苦しめば、高校に入った時楽園が待っているんだ。頑張れ！　やるんだ！　山形の狼！

俺はベタにおでこに鉢巻きを巻き、勉強に打ち込んだ。

バレないように適度にサボったりもしつつ、適度に頑張った。

そして冬になり、いよいよ高校受験が差し迫ってきた頃。ある衝撃的な出来事が、俺を襲《おそ》う。

次の期末テストでかっちゃんが求める点数に達することができなかったら１００万円の話はなし、とお達しが来たのだ。

かっちゃんの求める点数を取れるかどうかは微妙なラインだ。

このまま頑張れば届かない点数ではない。でも、決して簡単ではない。いい線引きをしてきやがる。

やるしかない。ここが頑張り時だ。俺は気合を入れるためにも家の近くのレンタル店・ＧＥＯ（ゲオ）に向かった。

ゲームや漫画が大好きだった俺はゲオのヘビーユーザーだった。そんな俺の気合入れソングはＯＲＡＮＧＥ《オレンジ》　ＲＡＮＧＥ《レンジ》だ。バドミントンの試合前もずっとＯＲＡＮＧＥ ＲＡＮＧＥを聴いていた。今回も俺に力を貸してくれＯＲＡＮＧＥ ＲＡＮＧＥ。俺に勉強を頑張らせてくれＯＲＡＮＧＥ ＲＡＮＧＥ。

と、俺はＯＲＡＮＧＥ ＲＡＮＧＥのアルバムを持ってレジへと向かった。

そこで俺は……運命的な出会いをしたのだ。

レジ横に置いてあったテレビ画面。そこに、とんでもないものが映し出されていた。

極道たちの戦い、女刑事との禁断の愛。

もはやＣＧとは思えないほどのクオリティー。

カッコよすぎる……！

俺はそこから一歩も動けなくなる。

『龍が如く２』のプロモーションビデオだった。

2006年12月7日発売……。

ダメだ。今これを買ったら確実に終わる。期末テストでかっちゃんの設けたボーダーを超えられる可能性は0になる。いやそれどころか公立高校に入学することも間違いなく――

発売日当日の朝、俺はゲオに並んでいた。

俺がその後私立高校に行ったことは言うまでもない。

『龍が如く2』が面白すぎた。

12 ― 伝説の携帯電話

俺が通っていた私立高校は、家からまあまあの距離があった。今まで小学校中学校と大体徒歩5分から10分圏内だったものだから、チャリで30分ほどかかる高校の通学距離が、やたらと遠く感じた。

まぁ、全て自分が招いたことで、自分が悪いのだけど。いや違う、『龍が如く2』がガチ面白過ぎたのだ。

そんなちょっと距離のある高校なのだが、とんでもなく苦労したのは雪の日だ。山形は冬になるとにかくめちゃめちゃ雪が降る。どかっと雪が降っているとチャリなんかで行けるわけがなかった。だから、俺以外の同級生は大抵親に車で送ってもらっていて。でも当然、俺は自力で行くしかない。

だから俺は、どれだけ雪が降ろうが、自分の力だけで、チャリで学校に行っていた。1時間半ぐらいかけて。途中の坂でコケかけたりコケたりしながら、死にかけながらビシャビシャで学校に到着する。

そしてビシャビシャで教室へと入る俺。当然周りの同級生はびっくり。

心配もするし、親に送ってもらってないことに疑問をもつ奴もいた。俺はそんな奴らに、

「いや、高校なんて一人で実力で来てなんぼっしょ。いつまでも親に頼ってんのとかダセェっしょ！」

と、イキりつつ、一人暮らしがバレないように心がけた。


そんな俺には、高校からできた友人で海藤《かいとう》という、同じバドミントン部に所属する、とても気のいい親友がいた。

そして、海藤の両親がこれまた良い人で。

俺が海藤の家に遊びに行くと、毎回と言っていいほど晩飯に誘ってくれる。

雪の日なんかも俺ん家の前通って拾っていってあげようか？　なんて提案してくれたり。そんな海藤の両親に俺は……

「大丈夫す」

とかっちゃんにいつもかける塩対応な言葉を返すばかりだった。

ふと思った。なぜ、俺はここまで一人暮らしであることを他人にバレたくないのだろう。


もちろん、最初は漫画のクールキャラに憧れてのことだった。

「漫画のキャラなら一人暮らしなんて周囲には言わない」

という理由で周囲に一人暮らしであることを黙っていた。それは覚えている。

が……高校生になってその感覚があるかといえば疑問だ。べつに漫画のクールキャラに憧れる年でもない。

それならば「一人暮らしだ」と言えばいい。言えば周囲の大人は助けてくれるだろう。それこそ海藤の両親だって。

……それでも俺は、どうしても一人暮らしを打ち明ける気にはなれなかった。

俺はたぶん、俺の家族を恥ずかしいと思っているんだ。

変わった家族だと思われたくなかったし、そもそも母親が亡くなっていて一人親であることもバレたくなかった。

普通だ、と思われたかったし、何より自分自身が「俺は普通だ」と思いたかった。

恥ずかしい。

ただそれだけの理由で、俺は、中学と同じく高校3年間もずっと、一人暮らしをしていることを徹底的に隠した。

そんな〝恥ずかしい〟にがんじがらめになっている俺とは対照的に、親父は、とことん自由だ。

俺が高校2年の頃、1年近く姿を見せていないなと思っていたら、思いついたようにフラッと親父が帰ってきた。

帰ってきてかれこれ1カ月ほどが経とうとしているのだが、親父はこの間、ずっと自分の部屋にこもっている。働きもしないで。

何をしているかというと、俺のプレステ2を勝手に部屋に持ち込んで『押忍《おす》！番長』というパチスロのゲームを延々、1カ月間ずっと！　やっている。

いやいやいやいや。自由にもほどがある。ほんと何してんだよ親父。

久しぶりに帰ってきたと思ったら仕事もしないで。ほんといい加減にしろよ金もねーのに。

そもそも親父は、この家にいない時にどこで何をしているのか謎すぎる。

親父からたまに聞かされる武勇伝的な話や、かっちゃんから愚痴《ぐち》のように漏れ聞こえてくる話によると、例えば、俺が小学生の頃、親父は、

「この世から時代をなくす機械を発明する！」

と意味不明なことを言って摩訶不思議《まかふしぎ》なビジネスに手を出したり、俺が中学の頃、

「この水は2リットル飲んでたら絶対に病気になんねー伝説の水なんだよ！」

と怪しすぎるビジネスに手を出したり。揚げ句、

「もう石油の時代は終わる！　俺は革命を起こしてくる！」

と言ってユーゴスラビアに行ったり。

……うん。自由すぎ。謎すぎ。

まぁそれで結局いろんなビジネスとか革命とかでわけわからないものに手を出しては失敗して借金を作っているわけだけど。

でも……少しだけ、親父が羨《うらや》ましい。

誰の目も気にすることなく、自由気ままに生きる親父。自分がやりたいように生きる親父。

だからって実の息子をほったらかしにしていいなんて全く思わないから、良い親父とは到底言えないんだけど。言えないんだけど、その自由さがほんの少しだけ羨ましかった。

そんな親父の自由さをあらためて感じていた時、高校で進路希望調査を提出するよう担任に言われた。

進路……と言われても、自分が高校を出た後どうしたいのかなんてはさっぱりで。部活前、俺は、親友の海藤含め、バド部の連中と「進路どうするよ？」と駄弁《だべ》る。

大体は定番のルートである山形にある大学に行くか、あるいは仙台の大学か、そのあたりだ。

俺は勉強もあんまりできないし、受験勉強をするというのも中学の時の失敗があるからうまくいくとも思えない。どうせまた失敗する。かといって、進路を決める時期は迫ってきているわけで。ん〜、と思い悩んでいると海藤が、

「将来何になりたいとかないの？　それに合わせて進路決めれば？」

と。そんな海藤に俺は、

「なりたいものはないっ！」

と全力で答えると海藤が笑う。海藤は、

「じゃあ好きなことは？」

と。

好きなこと。なりたいこと。

ん～、と引き続き思い悩みつつ、俺は帰路につく。

最近好きなことといえば〝テレビ〟だ。まぁ最近というか中学の頃、一人暮らしになってから俺はテレビでバラエティーやお笑いをよく観るようになった。

バラエティーを観ていると、心が休まったのだ。

笑っていると寂しいと思うこともなかったし。だからまぁ好きなことといえばテレビで、そうなると、まぁそれを作る側の仕事に就くとか？　そういうこと？

確かに面白いモノが作れるといいのかもな～、いやでもそんな簡単にできんのか～、などとぼんやり考えながらチャリを漕《こ》いでいるうちに、家に着いていた。

返事もないのに、

「ただいま～」

と声を出すのが癖になっていたのだが、いつもと違い、

「おかえり！」

と返事がある。親父だ。どうやら1カ月ぶりに自分の部屋からリビングに出て

きたようだ。

やっと『押忍！番長』に飽きたか、と思っていると、親父は、

「おまえ、俺がこの1カ月間、仕事してないと思ってただろ⁉」

と言ってくる。

してなかっただろ。『押忍！番長』ばっかやってたの知ってるぞ。

「直人、おまえ〝アフィリエイト〟って知ってるか？」

親父の言葉から聞きなれない言葉が飛び出した。

〝アフィリエイト〟とは、簡単に言えばブログやホームページなどに掲載する広告のこと。その広告をクリックしたり、広告の品物を閲覧者《えつらんしゃ》が購入するといくらかお金が入ってくるらしい。

「俺はな、それを全部自動でやってくれる**伝説の携帯**を見つけたんだよ」

ま〜たなんか摩訶不思議なことを言い出した。

親父が言うには、これからは広告収入の時代だそうで、その伝説の携帯は、電源を入れておくだけで勝手に広告収入が入るのだとか。うん、絶対騙《だま》されてる。

「だ〜から、俺は1カ月間何もせずに、この伝説の携帯に働かせてたんだ！」

親父はその伝説の携帯を取り出した。**伝説の携帯は、スーファミみたいな大きさだった。**

「……デカくない？」

思わず親父に問いかけると、親父からは、

「**伝説だからな！**」

意味不明な回答が返ってきた。

伝説の携帯の入手経路を聞くと、どうやら8万円で契約したらしい。

うん。絶対騙されてる。そんなことを思っているのを見透かされたのか、

「嘘だと思うんだったら今から銀行ついてこい！　口座残高いくら増えてるか確認しに行くところだから！」

銀行で口座を確認すると、**8円入金されていた。**8円……か。

「……少なくない？」

黙り込む親父。そしてその後、親父は……

ゲラゲラと笑った。

……なんだこの人。ほんと……ほんと自由だな。

そう思うと俺も笑えてきた。まぁひとしきり笑った後で親父は「**なんでだよ!!**」

とブチギレてはいたけど。


ブチギレた親父をなぜか俺がなだめながら帰った。

帰宅後、親父はふと俺の学生鞄の横に置いてあったパンフレットを手に取った。

それは俺が海藤のすすめで学校から持ち帰ってきた、テレビ番組などの制作者を目指せる専門学校のパンフレット。

そこは東京の専門学校で、東京である理由は、テレビ業界を目指すなら東京か？　という安易な理由でしかなかった。

親父はそのパンフレットを見て、

「なんだ直人。東京行きたいのか？」

と。俺は、

「うん、まぁ……ん〜、わかんないけど」

となんとなく濁すと、親父は言った。

「おもしれぇぞ。東京は」

13 ― 帰ってきた婆ちゃん

親父は元々、母ちゃんと一緒に東京に住んでいたらしい。でも俺が生まれて、その後母ちゃんが亡くなって、仕方なく山形に戻ったという話を、幼少の頃、誰かから聞かされたことがあった。

その話から、俺は「あ〜俺のせいで親父は山形に戻ってきてるってことなんだな」と幼いながらに思っていたし、「東京っていうのは親父にとって山形より住んでいたいところなんだな〜」と思っていた。

俺は物心ついた頃から山形にいたし、山々に囲まれたこの街が大好きだった。だから小学生の頃、かっちゃんに「東京に行こう」と言われても断ったんだ。

山形には、とにかくありえないくらいの山がある。

大小の連なった山に囲まれている感じだ。建物も低いから、あの爺ちゃんの思い出のベンチからは、その山々を一望《いちぼう》することができた。

空もめちゃくちゃ広いし、景色は最高。俺は一生ここで生きていくんだ、と小学校の時に誓った。それぐらい山形が好きだった。

でも……いざ進路を決めるという時に、山形でしたいことが全く見つからない。

一生生きていく場所で、したいことが見つからないというのは、まああの地獄ではなかろうか。

隣を見れば、人生を自由に謳歌《おうか》する親父がいる。俺は……このままでいいんだろうか。

自分は普通じゃないと誰よりも自分が思っているから、普通を装って一人暮らしをひた隠しにし、ずっと普通を演じてきた。

でも、果たしてこれが俺の人生の正解なんだろうか。

俺は一体いつまで、自分の正体を隠さないといけないんだろう。

親父の「おもしれぇぞ。東京は」という言葉が耳から離れない。

でも、小学生の頃、かっちゃんの誘いを断ってまでこの街に残ったことが、自分の心に、杭《くい》のように胸に刺さっていた。

俺はここにいなくちゃいけないいんじゃないか。俺はこの街を離れちゃいけないんじゃないか、そんなことをずっと考えていた。


学校に行くと、海藤や他の友人が次々と進路希望を担任に提出していた。

でも、俺の用紙はまだ真っ白のまま。俺は担任に「もうちょっと時間が欲しい」と伝え、その日は部活に打ち込むことで、自分の将来について考えなければいけないのを先延ばしにした。

部活からの帰り。俺はふと、あの爺ちゃんの思い出のベンチに立ち寄りたくなった。俺は近くにチャリを止め、ベンチに腰掛ける。

と、いつも通り、小さな山々がバァ〜〜っと連なって、俺を囲んでいる。

俺の大好きな景色……だった、はずなのに……その景色を見ているうちに、なんだか急に閉じ込められているように思えた。

山に、閉じ込められている……！

ダメだ、一刻も早くここから出ないと！　自由にならないと！

俺はこの瞬間、急激にそう思った。

なんでもいい。なんでもいいから一旦東京に行こう。

やりたいこととか、もはやどうでもいい。早く、早く俺はこの街から抜け出さないと。

俺は自由を求めて、追い立てられるように、その場で進路希望調査に「東京」と書き込んだ。

いつも見ていた景色が、全く真逆の印象に変わった瞬間だった。

俺は慌ててチャリに乗り込む。そして、必死にチャリを漕ぎまくった。

俺は東京に行くんだ。東京に行かなくては。俺は！

俺は、この山の監獄を抜け出して、自由になって、大きいところで勝負するんだぁぁ！！！

……あ、

高2の俺が東京に出られるのは1年以上先だと気がついたので、一回冷静になることにした。

しばらくして、高校3年生になった頃。身体を悪くして施設に入っていた婆ちゃんがうちに帰ってきた。

長かった俺の一人暮らし生活は終わりを告げた。

とはいっても、あの婆ちゃんなので、俺の生活が大きく変わることはなかった。

いや、変わってないどころか少し悪化したとさえ言える。

小学校の時、一緒に暮らしていた頃と変わらず、婆ちゃんは水道代に異常にうるさくて、相変わらず俺のやることなすことにいちいちケチをつけてきた。

俺も高校生になり、思春期ということもあってか、小学生の時よりも強く反発し、婆ちゃんとの言い争いが絶えることはなかった。俺は婆ちゃんのことが、ちょっと嫌いというところまで行っていた。

嫌いにまでなってしまった決定的な出来事は、俺の東京行きに婆ちゃんが反対したことだ。

俺は東京行きを反対されたことが妙にムカついて、そこからほとんど口を利かなくなる。だから、婆ちゃんになんと言われようと東京に行くことを決めていたし、その決心が揺らぐことはなかった。

そして、高校を卒業し、実家を出る日。

家を出る前、俺は部屋で荷物をまとめた後、リビングに向かった。

リビングでは、婆ちゃんがいつもと変わらず相撲中継を観ている。そんな婆ちゃんの背中に俺は、

「じゃあ……ちょっと行ってくるわ」

とだけ声をかけた。婆ちゃんからの返事はない。

俺は玄関に行き、座って靴を履く。

靴を履いた後、座ったまま、振り返り、家の中をぼーっと見つめてみた。

当分山形に帰ってくるつもりはない。

長年住んだこの家から、この街から出ていくことに、寂しさがないといえば嘘になる。俺が少し感傷《かんしょう》に浸っていると、リビングから婆ちゃんが出てきた。

あ～せっかくしみじみしてたのに、ま～たなんか変な嫌味言われんなこれ……。と辟易《へきえき》していると、婆ちゃんは俺に何も言うことなく、くちゃくちゃのティッシュを渡してきた。

中を開けるとそこには……**5万円入っていた**。婆ちゃんは、俺に目を合わすことなく、

「**持ってけ**」

驚愕した。あの、あのケチな婆ちゃんが、あの水道代を異常にケチる婆ちゃんが……ありえない。

今まで婆ちゃんからは４８０円以上もらったことなかったのに。家の近くにある、Ｈｏｔｔｏ《ホット》Ｍｏｔｔｏ《モット》の弁当代くらいしかもらったことなかったのに。東京に行くことだって……反対してたのに。

そんな婆ちゃんが、俺に5万くれた。

その後、婆ちゃんは俺にぶっきらぼうに、

「**頑張れよ**」

と声をかけてくれた。その瞬間、俺の脳裏に婆ちゃんとの思い出がよみがえってきた——。

水道代をケチり、食器を洗わずベロベロと舐めるだけだった婆ちゃん……。

俺がうんちを大一撃で流すことに文句をつけてきた婆ちゃん……。

俺が毎日風呂に入ることにケチをつけるくせに、自分は毎日銭湯に行く婆ちゃん……。

うん。ろくな思い出がねぇ。

俺は玄関で立ち上がり、荷物を持って、婆ちゃんにしっかり、ちゃんと、言った。

「今までお世話になりました。ありがとう。頑張ってくるわ」

生まれて初めて、婆ちゃんに深々と頭を下げた。そして婆ちゃんに見送られ、俺は家を出た。

家を出て、大荷物を持って山形駅へとまっすぐ向かう。

寄り道せずとも、思い出深いところをたくさん通り過ぎる。爺ちゃんのベンチ。友達と遊び回った空き地。祭りをやっていた公園。そんな景色を見ながら俺は、婆ちゃんのことを思っていた。

もうしばらく会えない。婆ちゃんも年だし、これからどうなるか、考えたくはないが、わからない。そう思うとちょっと嫌いにまでなっていた婆ちゃんのことが……。

これで婆ちゃんともお別れか。ほんと、ほんと変な婆ちゃんだった！　変な婆ちゃんだったけど、まぁ、好きだよ。婆ちゃん。だから、元気でいろよ。

山形駅に着いて、俺は慣れない手つきで新幹線の切符を買い求める。戸惑いながらもなんとか切符を買って、新幹線の改札をくぐろうとした時、俺は……混乱した！　困惑した！　わけがわからないことが起きたからだ！

新幹線の改札近くに、俺よりも先に、婆ちゃんが立っていたのだ。

家で、あんなに感動的な別れをした人が、今目の前に、なぜかいる。なぜこんなところにいる？　いや、それよりなぜ俺より先にいる？　ありえない。だって、俺、真っ直ぐ山形駅きたんですけど。え？　どうやって俺より先にここに？　え？　混乱を極めている俺に、婆ちゃんは言った。

「**早く行け！**」

……それ言うためにあんたここに来たの？

せっかくの玄関でのいい別れが、変な婆ちゃんのせいで完全にブレた。

第三章 ― 肩まで地下につかった芸人

14 ネタバラシ

上京して、まず壁にぶち当たったのは友達作りだった。

今までは小学校からの友達が中学校にいて輪が広がり、高校の時も同じように昔からの友達から輪が広まり、という感じだった。でもここは東京。知り合いが一人もいない。ん〜どうしたものか……と思っていた時、専門学校の入学セミナーで、とんでもない奇跡が起きた。

それは、小学校中学校とめちゃくちゃ仲の良かった庄司との再会だ。ほんともう超たまたま、俺の隣の席が庄司だったのだ。

庄司とは、小学校の頃、毎日のように一緒に遊んでいた。かっちゃんの東京行きを断った日にあった祭りも一緒に行っていた仲だ。

庄司は小学生の頃、意味不明な芸を持っていた。

それは「兄ちゃんにしばかれ芸」と呼ばれていたもので、庄司が自分の兄の部

屋まで行って兄ちゃんを怒らせ、ボコボコにされた後、泣きながら俺らのところに戻ってきて、

「**ほらね**」

と言うという意味不明な芸だ。俺はそんな庄司の芸を見て、

「意味わかんねーおまえ！　気持ち悪りー！」

と大爆笑していた。

そんな庄司とは高校は別だったので、実に3年ぶりの再会だった。

同じく東京に来て、同じ専門学校で、しかも専門学校には何百人と入学者がいて、庄司とは入学した学科が違ったのにもかかわらず、たまたま隣の席で。俺たちは、

「え⁉　すごくね⁉　なんか運命だな！」

と、この奇跡に大興奮し、喜んだ。

テンションが上がった庄司は俺に言った。

「**てかさ、おまえあれだろ⁉　中学の頃一人暮らししてたんだろ⁉**」

……は？

「おまえ母ちゃんいないんだろ⁉　あ、あとおまえ腹違いの兄弟もいるな！　いやぁ、大変だったんだな！」

なんで、なんで知ってんの……？　え、誰が？　いや、だってずっと必死に隠してきたのに……は？

俺が唖然とするなか、庄司はまるで刑事かのように俺の過去の生活を考察《こうさつ》したり、ズバリ当ててきたりした。

みんな知ってたのか……？　知ってて、知らないふりをしてたのか？

俺は恥ずかしさと「なぜ知ってるんだ……」という疑問とで頭が真っ白に。空返事をし続けることでなんとなくその場をやり過ごした。

そこからフラッとその場を離れ、運命の再会は1日で終わりを告げた。

専門学校の授業が始まった後も、引き続き俺は友達をどうやって作るか悩んでいた。

友達を作るにはとにかく「面白い奴」と思われるのが手っ取り早いことは、高校の時にも感じたことだった。「面白い奴」ポジションさえ掴《つか》んでしまえば話は早い。が、問題はどう、そのポジションをゲットするか。ん～。

そんな悩ましさを抱えている時、最初にとりあえず声をかけて友達になったのが向井《むかい》という男だった。

向井は、神奈川出身で「自分は地元で一番面白い奴だった」と豪語《ごうご》する。俺も高校の頃はそこそこ面白い奴で通っていた自負があったので、それを向井に伝えると、向井は、

「は？　じゃあどっちがおもしれーんだ？」

と。友達を作るためにもここは引くわけにはいかない。勝負をつけるため、俺たちは専門学校近くのマクドナルドへ向かった。

俺たちはポテトのSだけを頼み、マックの席で対峙する。

どっちがおもしれーかを決める戦い……。独特の緊張感が俺たちを包んだ。

勝負の方法はどうするか、と俺が聞くと向井は当時『すべらない話』が大流行していたことから、

「お互いエピソードトークを披露《ひろう》して、どっちがおもしれーか決めようぜ」

と決まった。

エピソードトーク対決……。となると、俺が持っているエピソードで強い話は、やはり今まで他人にはひた隠しにしてきた俺のヘンテコな家族や、一人暮らしの話だろう。ここでそのエピソードトークを披露すれば勝てる気がした。

けど、今まで隠してきた恥ずかしい話なのに、「面白い奴」というポジションを得るためだけで他人に易々《やすやす》と披露していいものか。

……ま、いっか。

ここは東京だ。誰も俺のことは知らないんだ。隠してたってしょうがない。恥ずかしいとかもう関係ねぇ。てか庄司だってなんか知ってたし。

俺は向井に、自分の恥部でもあった、ありったけの一軍のエピソードをバンッとぶつけた。

向井は……大爆笑してくれた。当然向井の話もむちゃくちゃ面白くて俺も大爆笑した。マックの客の視線を少し気にしながらも、俺たちは何時間も自分達のエピソードを話し、何時間もゲラゲラと笑い続けた。

すでに俺たちは「どっちが面白いか」勝負だったことをすっかり忘れ、帰路につく。帰りながら向井は「作戦会議しようぜ」と言ってくる。作戦会議？　と俺が聞き返すと、向井は言う。

「俺たちのこのエピソード、学科の連中に話そうぜ。したらもう一気に面白がられて人気者になれんぞ！」

そうだ。そもそも友達を作るために俺はこの勝負に乗っかったんだった。確かに向井の言うとおり、俺たちのあの話を学科の奴らに話せば……。

次の日、向井と一緒に学科の奴らがたまっているところに向かう。そこには石《いし》原《はら》って奴を中心に四、五人いて。俺はそこで今まで散々隠しに隠していた親父の話や一人暮らしの話を、今会ったばかりの見ず知らずの奴らに、惜しげもなく披露した。

それがもう思っていた以上にドッカンドッカンウケて。正直、「こんなウケんのかよ。じゃあもっと早くから話しときゃよかったわ！」と思ったくらいだ。こうして無事「面白い奴」認定され、俺は友達の輪をどんどん広げていった。

そしてこれをきっかけに俺は、自分の身の上話をガンガンオープンにし、むしろそんな境遇《きょうぐう》を武器にしていった。

そして、他の友人の話を聞いているうちに気がついたことがある。

それは「家庭に色々ある奴なんて、いっぱいいるんだ」ということ。

両親が揃ってない奴なんて結構いたし、正直、俺よりもきつい境遇の奴もたくさんいた。

たまたまそういう奴らが集まっただけなのかもしれないが、少なくとも俺はそんな友達の話を聞いて、気持ちが軽くなった。

お互いにきつかった話をして、それをみんなでゲッラゲラ笑って。今まできつかったことがなんか昇華《しょうか》されていく感じがして。

恥ずかしい、なんて思う必要なかったんだな、とこの時初めて気がついた。

ゲラゲラ笑いながら〝めちゃくちゃ楽しい〟なんてアホみたいな感情が溢れんばかりに湧いてきて、

「東京おもれー！」

そう思わずにはいられなかった。

15 ―― 大人になった山形の狼

クソほど楽しかった専門学校生生活ももうすぐ終わり。俺は二十歳になり、成人の日を迎えた。

それから少しして、親父が「成人の祝いに」と俺を飯に誘ってくれた。

めちゃくちゃ金がないはずの親父が連れていってくれたのは、寿司屋だった。

正直、回らない寿司屋に入ったこと自体が初めてで、どうふるまっていいのかすらわからない。そんな俺とは違い、堂々としている親父。

親父は、大将に「瓶ビール」と、慣れた感じで注文する。

そして、俺たちの前に瓶ビールとグラスが二つ運ばれてくる。親父は瓶ビールを手に取ると、俺にジェスチャーで「グラスを持て」と促す。グラスを持つと親父がそこにビールを注いでくれる。親父は、

「注がれる時は傾けろ。泡だらけになっちまうだろ」

俺はグラスを慌てて傾けた。親父が俺のグラスに注ぎ終わると、今度は自分のグラスを持つ。そして、またもやジェスチャーで俺に「注げ」と促してくる。

俺は慣れない手つきで親父のグラスにビールを注いだ。が、全然うまくいかない。泡だらけになってしまった。「下手クソ」と親父は言うが、そんな親父の顔は、ほんのり嬉しそうに見えた気がした。

俺たちはグラスをチンと合わせ、互いにビールを飲んだ。これが俺が親父と初めて飲んだ酒だった。

その後、ハモ的なものや、なんか見たことないくっせぇ貝とか、他にも回転寿司ではあまり見ないような、食べたことない珍しい寿司を親父はたくさん俺に食べさせてくれた。

そんなものを食べながら親父は、

「大人ってのはな〜」

とか言いながら、カッコいい大人の作法について話してくれた。そんな親父は、珍しくそこそこまともな、いい親父に見えた。

もしかしたら、専門学校で全部を笑い話にできたおかげで親父の見え方が変わったのかもしれない。

一通り食べ飲み終わり、会計を頼むと3万ちょい。

親父は一度、深〜〜くため息をついた。

親父の財布には確定で2万しか入っていないからだ。

親父は財布の中に入っていたクレジットカードを会計係に渡す。

でも俺は知っている。そのカードはたぶん使えない。親父のことだから絶対止まってい——

「すみません、このカードはご利用できないみたいです」

やっぱり。

親父は少し黙り込む。そして、親父は俺に、

「**……おまえ、一回外出とけ**」

顔を伏せ、真剣な表情で伝えてくる。

外で出とけって言われても、どうすんだよこの状況……と思っていたが親父は

それでも「いいから」と。

俺は言われるまま寿司屋の外に出た。

寒空の下、不安を募らせつつ親父を待っていると、5分くらいしてからだろうか。親父が神妙な面持ちで店から出てくる。

そして、俺に言った……。

「**いけたわ**」

どうやって⁉

笑顔で親指をあげサムズアップする親父を見ながら、あの確実に1万円足りなかった状況を、どう打破《だは》したのか不思議でしょうがなかった。

親父は誰とでも仲良くなれる男。あるいは、

「息子の成人式のお祝いでよ〜」

とかなんとか口八丁でうまく言いくるめ、仲良くなり、割引させたのだろうか。

ほんと、親父は謎多き、自由すぎる男だ。とにかく、友達に話せる親父の伝説がまた一つ増えたのは確かだ。

が、そんなくだらないことを考えている場合ではなかったことを、この時はまだ知る由《よし》もない……。

冬休みが明けて俺は専門学校の先生に呼び出され、ある講習を受けることになる。その講習は「2年のこの時期になってもまだ就職先が決まっていないヤバい

奴ら」を集めた講習会だった。

そう。俺は卒業を3月に控えてなお、ほとんど真面目に就活をしていなかったのだ。

専門学校生は、早い奴で1年の終わりあたりから就活を始める。でも俺は2年の夏になってもやる気が起こらず漫画を読み、秋になってちょこちょこ受けるも大体2次面接で落ちては漫画を読み、社会人になるという現実味が一切わからずに冬は寒いから家で漫画を読んだ。

で、1月。当然、3月には卒業だ。

「はっ！　俺ヤバくね？」

今気づいた。どうしよう。バラエティー番組とかに関わりたいけど、今さらそんな就職先あんのか？　ヤベーな。人生なめてたな。とりあえず漫画読むか。と現実逃避しかかったところで、先生が通販番組のADができる会社ならあるぞ、と紹介してくれた。

「ま、いっか！」と俺はそこに契約社員として入ることを決めた。

のだが、**俺はそこで人生初のいじめを受ける……。**

いや、原因は完全に俺にある。俺が悪い。

大失敗したのは、会社に入ってすぐのことだった。

通販番組を制作する会社に就職してすぐ、俺はとりあえず社員のみんなと仲良くならねばと思っていた。やることは学校の時と同じ。とにかく面白い奴と思われること。そこで、俺は自己紹介の時に、

「ちっす〜。菅野っていいます〜！」

と、くっそチャラいキャラで挨拶をした。

「こんちは〜っすぅ！　よろしくっすぅ〜！」

「…………」

先輩たちの心が潮《しお》のように引いていく。サーーーッと音が聞こえた気さえした。

初手を完全にミスった俺は、どんどん孤立していく。教育係の先輩も「あいつに教えるのは嫌だ」と言う始末。俺は高校以来、久しぶりに孤独を味わった。

中学生にして一人暮らしを乗り越えている俺は、常人よりもそこそこメンタルが強い自信があった。が、その時ばかりはプレッシャーから普段はしないようなミスをしたりして、気がつけば10円ハゲが四つぐらいできた。

会社の帰り道には現実逃避するために、スキップをしながら「お金持ち〜になった〜ら〜っ♪」と謎の歌を歌いながら帰るほどだった。

その後、このままではダメだと思い、色々と試行錯誤をし、先輩たちに見直してもらえはした。が、社会人生活をする中で、ずっと感じていたことがある。

「俺がしたいことって、こういうことなのか?」

俺は、スパッと会社を辞め、キャリアアップしようと試みた。契約社員だったので、ひとまず正社員を目指そうとする。が、なかなかうまくいかない。なんだか全てが裏目に出ていた。

そんな時、専門学校からの友人・石原に呼び出され、言われた。

「俺たち、芸人になんないか?」

16 ― 第七世代に抜かれる地下芸人

俺と石原は養成所に入って「パーティーズ」という、チャラさを売りにしたコンビを結成。

その後の俺たちの快進撃は凄《すさ》まじかった。養成所では毎月ライブがあり、そのライブは対戦形式。そこで俺たちは10連勝という記録を残した（この記録は2024年現在、今もなお破られていない）。

そんなこともあってか、俺たちは事務所所属前の養成所の段階で、ロッチさんや超新塾さんが「パーティーズってのがいるらしいな」とライブを見にきてくれるくらい一目置かれる存在になる。それくらい俺たちは勢いづいていた。

次第に〝第2のキングコング〟とまで言われだし、噂《うわさ》は瞬《また》く間に広まり、俺たちは「まぁ売れるだろう」と信じきっていた。

しばらくして養成所から事務所に本所属になり、その後に出たライブでもウケて、勝って、俺たちはとんとん拍子だった。

にもかかわらず……テレビのオーディションが一切、ほんと一切受からない。売れると信じきっていたのに、ライブじゃウケてるのに、まっっっっったく売れない。

その後、同期の厚切りジェイソンがデビュー後2カ月という驚異的スピードで売れて、それを横目に俺たちは1年経っても、2年経っても、全く売れる気配もない。ライブではウケるものの、全く成果が出ない。

同期も後輩もどんどんテレビに出ていくのに、俺たちだけが全くテレビに出られない。地下芸人街道まっしぐら。

そのうち、クマムシさんが売れて、後輩のブルゾンちえみが出てきて、みんな地下に潜る俺の目の前を物すごいスピードで急上昇していく。

みんながバーッと売れてって。もう何だか売れるのが当たり前みたいな空気すらあって……。で、あれよあれよという間に今度は四千頭身や丸山礼、第七世代が出てきて……。

「いや、テレビなんかもういい！！！」

ある時、石原がしびれを切らしたように俺にそう言った。

「ダセェだろ。テレビ出るためにあんなキャラ芸人みたいなことすんの。媚売《こび》って、あんな自分に嘘ついてる奴ら気持ち悪りぃんだよ。自分に嘘ついてまでテレビ出てぇか？」

ごめん。すんごい出たい。

俺は正直めちゃくちゃテレビに出たかった。媚売ってでも、嘘ついてでも出たくて出たくてしょうがなかった。今出てる奴らが、羨ましくて羨ましくて……。

でも石原の、

「芸人は漫才で結果を残してなんぼ。M-1で結果を残してなんぼなんだよ！」

という言葉に同調し、俺は完全に自分に嘘をつきながら、躍起《やっき》になって漫才に取り組んだ。

しかし、M-1の予選も当然のように全く通らない。

もう、俺たちは完全に、肩までどっぷり地下につかっていた。

そんな芸人地中生活の中、俺は養成所に入って芸人になってからというもの、親父とは一切連絡を取らなくなっていた。何度か連絡は来るものの無視するか、あるいは「忙しい」と言いさっさと電話を切ってしまうか、そんな感じだった。

理由は……恥ずかしかったからだ。

うん。……またか、俺。

どんだけ恥ずかしがり屋さんなんだ、俺。

でも親父に「俺が芸人をやっている」とバレるのは、本当、心底恥ずかしかった。親父だけにはなんだか知らないけど絶対にバレたくなかった。

そもそも俺は、家族の前ではそんなにペラペラしゃべらない、おとなしい子で通っていたのだ。

幼少期の頃から、心の中では激しめに親父や家族たちにツッコんだりはしていたものの、それを決して家族の前で声に出すことはなかった。声に出さなかった理由は恥ずかし——いや、だからどんだけ恥ずかしがり屋さんなの、俺。

そもそもだ。そもそも、恥ずかしいこともそうだが、あの破天荒家族の中で俺が口を開いて何か意見を言おうものならどうなると思う？　何を言われるかわかったもんじゃない。爺ちゃんが物静かだった理由も俺と全く同じ理由ではないかと思っている。

「あの家族の前でしゃべるとめんどくさい」

これが大きな理由の一つだ。

そんなこんなで、昔から友達の前では明るく愉快な人気者ではあったが、家族の前ではその明るさをひた隠しにし、とにかくおとなしーーーい子で通していた。そんな俺が芸人をやっているなんて親父に言ったら、もーーー何を言われるかわかったもんじゃない！　笑われそうで、馬鹿にされそうで、ほんと恥ずかしかった。だから、俺は「芸人をやっている」ということを親父にバレないように一切隠したのだ。いや、何かとよく隠すやつだな、俺！

ただ、かっちゃんだけは俺が芸人をやっていることを知っている。

俺は、養成所の入学金をローンで支払っていたのだが、それには保証人が必要で、泣く泣くかっちゃんには養成所に入ることを伝えざるを得なかったのだ。

当然かっちゃんは猛反対。そもそもかっちゃんからしたら、「げ、げいにん？　あのおとなしい直人が……芸人⁉」

という感じなのだ。普通の真っ当な社会人になってほしかったかっちゃんからしたら、もはや青天の霹靂《へきれき》。

それはそれは猛反対を喰《く》らった。結局、無理やり押し通したけど。


そして、芸人であることを親父に隠し、ほぼ連絡らしい連絡を取らなくなって3、4年ほどがたった頃。一つのクソ恥ずかしい事件が起こった。

その日俺は、下北沢の駅前にある、ピーコックというスーパーの入った建物でライブがあった。下北の駅前で「お笑いライブやってま〜す！」と声を上げる。

道ゆく人々に「お笑いやるんで観にきてください」とひたすら声をかけまくる。できるだけ女の子を中心に声をかけまくる。

しばらくすると、出番が近くなったので俺は、ピーコックの建物の4階にある小さな劇場へと向かった。

4階にある劇場の入り口近くにはトイレへと続く細い廊下があり、そこで数組の芸人がごく小さな声でネタ合わせをしている。俺も石原とネタ合わせしとかなきゃな、と思ったその時だった。

「おい！　直人いるか‼」

馬鹿デカい、聞き覚えのある声が響いた。

親父だ……！！

顔を見なくてもわかる。そして、なぜ来たのかも、理由を聞かなくても察しがついた。俺の借金だ。

この頃俺は借金をしていて、おそらく親父に連絡がいき、そしてそれについて俺に文句を言いに、親父は来たのだ。

いやでも、俺は親父に芸人をやっていることは隠していた。なのになぜここがバレた？　かっちゃんにも口止めしておいたはずなのに。どうやって俺が芸人をやっていて、ここにいるということを突き止めたのか。それは謎のままだが、とにかく親父が乗り込んできたのだ。

俺の名前を大声で呼ぶ親父。

周囲の芸人を含め、親父は注目の的。

俺の恥ずかしさはピーク。

とにかく親父を抑え込むためにも、親父の前に出て行き、

「ちょ、何してんだよ親父！」

と叫ぶ親父を止めた。すると親父は、

「**おまえさ〜、払え借金！**」

も〜〜う！　恥ずかしい！

恥ずかしがり屋の直人くんじゃなくても恥ずかしい！　なんでここでそんなこと言うかな！　俺は親父に、

「し〜！」

とベタにモーションをかまし、とりあえず黙らせる。

親父を引っ張ってその場を離れた。そしてとりあえず借金はちゃんと払うから、と出ていってもらえるよう懇願《こんがん》した。すると親父は、

「じゃあライブ観て行くわ」

ちょ、勘弁してくれよ……。でも言い出したら親父は聞かない。

それはもう二十何年の経験からよくわかっていた。俺は途轍もない恥ずかしさを抱えながら、なんとか石原と共にライブでネタを披露した。

この日のネタ中、時折馬鹿みたいな男の声が聞こえる度に、俺は赤面していたのではないかと思う。石原ごめん。

ネタが終わり、しばらく恥ずかしさに苛《さいな》まれてから、俺は落ち着くために喫煙《きつえん》所《じょ》に向かった。ピーコックの下には関係者だけが入れる喫煙所があって、そこに向かうと、芸人仲間に語りかける声が聞こえる。

「**おめえと直人どっちがおもしれぇんだ？**」

そこにはなぜか芸人仲間と話す親父がいた。なんなら、真ん中でその場を回していた。俺はもはや呆れ返り、親父に、

「何してんだよ……」

と問いただした。

「おめえが面白いかどうか聞いてたんだよ」

意気揚々《いきようよう》と答える親父。その後も親父を中心としたトークは続き、芸人仲間も親父の話でドカンドカン笑う。

そんな姿を見て、俺は「もう……いっか」と思えた。

芸人・萱野直人と萱野家・萱野直人は、俺の中では別人だった。

〝恥ずかしい〟ただそれだけの理由で、二つは乖離《かいり》していた。

でもこの日、親父が来て、芸人の姿を見られて、親父に芸人をしていることがバレた。でも、親父はそれに対して特に何かを言うわけでもなく、いつも通りの自由気ままな親父で。

そんな親父を見ていると……なぜ俺は親父の前でずっと、本当の明るい自分を見せていなかったのか、明るい自分を隠していたのか、理由がわからなくなった。

親父がこの瞬間、俺の〝恥ずかしいの壁〟を、ぶっ壊したのだ。

正直そこからだ。俺の中で、ちゃんと親父と親子になれた気がしたのは。明るい本当の自分をずっと見せず、親父にも家族にも嘘をつき続けていたが、この時から、やっと本当の自分を見せて、親父と接することができるようになった。やっと、ちゃんとした普通の親子になれたのだ。親父のおかげで。

それからしばらくは、ピーコックのライブに出演する芸人仲間の中では親父の話で持ちきりだった。そんな親父について、あいつら二人が俺に言った。

「あんたの親父ヤバいね！」

「あんたってなんだよ。先輩だぞ」

一人は、19歳で男の借金500万をキャバで働き完済したギャル。

一人は、実家が33億円の徳川家の末裔《まつえい》のギャル。

ギャル達は二人で「エンぷレス」というコンビを組んでいた。

俺がギャル達二人と初めて出会ったのは、事務所に入って3年目ぐらいだったかと思う。出会った当時、俺はギャル達「エンぷレス」のことを、

「なんか変なキャラ芸人だな」

くらいにしか思っていなかった。石原に至っては、ギャル二人に直接、

「おまえら気持ち悪りぃわ。一生売れねぇよ、おまえらなんか」

と地獄のような悪態をつく始末。

そんなギャル二人は、事務所の中でもかなりの劣等生《れっとうせい》で。養成所時代もA〜CまであるランクのC中でつねにC。

事務所ライブのネタ見せにも受からないし、当然ライブでの入賞経験もなし。言ってしまえば、俺とは真逆の養成所時代を過ごしていた。

そんな二人とたまたまあの下北沢のライブで月に一度、一緒になる機会があり、ひょんな流れから「飯でもいくか」という話になる。あいつらはそもそも「先輩と飯に行く」という経験自体が初めてだったようで、ただのランチだったのだがそれは「菅野会」なんて呼ばれるようになる。

とは言っても、特別二人を可愛がるわけでもなく、まぁ普通の後輩で。ただ誰かの誕生日とか大きめの飲み会の時は、俺ら「パーティーズ」と、ギャル二人「エンぷレス」のチャラいコンビ2組で、わ〜っと盛り上げるみたいなことをよくしていた。そういう経緯もあり、俺たちはそこそこ仲良くなっていった。

ギャル二人と知り合ったのち、あの「親父楽屋襲撃事件」があり、その後から俺と親父の仲は、今までで一番良好になった。

良好になってからというもの、俺は親父と飲みに行ったり、親父にコンパに誘われたり、親父とのナンパに誘われたりするようになった。

うん。さっきやっと普通の親子になれたみたいなこと言ったけど、全く普通じゃなかったわ。

とはいえ、そこそこ楽しい日々ではあった。俺も今までと違っておとなしくするのではなく、親父の破天荒な行動にツッコミを入れたりする。

すると親父は、

「おまえ、ツッコミおもしれぇな！」

など突然褒めてきたりして悪い気はしなかった。

何より意外だったのは、親父は俺が芸人であることを誰よりも応援してくれたことだった。

俺はこの頃、ＹｏｕＴｕｂｅの登録者数が１万人ほどいた。

めちゃくちゃ登録者が多いわけでもないが、少ないわけでもない。ただそれくらいの活躍なのに、親父は誰よりも大いに喜んでくれた。一緒にコンパしてても親父は、

「こいつ知ってる？　面白くてよ！　俺の方がカッコいいけどな！」

なんて言っていた。

俺はそんな、応援してくれる感じが……

……うん。正直に言う。

ほんとめちゃくちゃ嬉しかった。

親父は、自分の息子がちょっとでも世に出ていることが嬉しくてしょうがなかったんじゃないかと思う。

そして、俺がギャル二人と『ぐるナイ！おもしろ荘』に出たのが２０２２年1月。

親父はその5カ月前、２０２１年8月に死んだ。

第四章 ― ぱーてぃー前夜

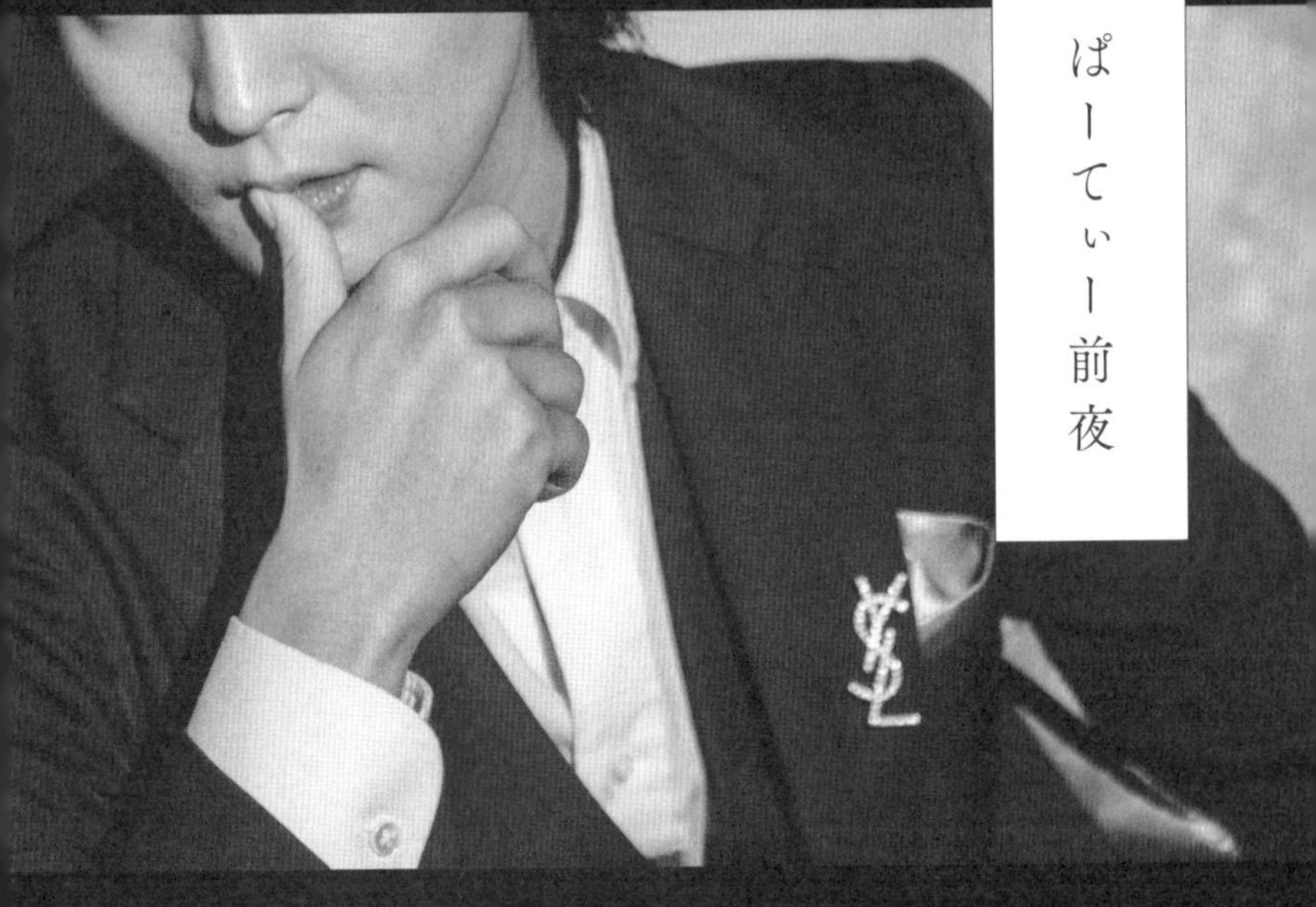

17 ── ギャルと親父

親父が、ま〜〜たわけのわからないビジネスに手を出し始めたらしい。

今回は、なんか超神水的な、ミネラル液だかなんだかっつー水で、それを飲むと、身体の新陳代謝だかなんだかがなんかすごい活性化するだか免疫力《めんえきりょく》を高めるだかなんだか。

あ〜もう胡散臭《うさんくさ》い。ま〜た絶対騙されてる。でも、俺が何か言ったところで聞きゃしないいんだから、あの親父は……。


そんな頃、芸人になってちょうど7年目を迎えた。そしてちょうどその日に、俺は石原とコンビを解消することにした。

コロナ禍《か》に突入し、唯一ウケていたライブは、したくてもできない時期が続き、俺たちは地中の底の底、もはや肩どころか、頭までどっぷり地下につかり、呼吸ができないところまで来ていた。

俺はどうしてもテレビに出たい。石原はどうしてもM－1で優勝したい。意見は食い違い平行線を辿る。

もうどうやっても、何をしても、このままでは売れない。そんなぼんやりとした、でもなんだか確信めいたものが俺たち二人の中にはあった。

一度全てをリセットし、一からやり直そうと二人で話し、俺と石原は「パーティーズ」を解散した。

その後、2020年11月。俺は「菅野の新しい相方を探すライブ」を実施した。いろんな芸人七、八人と俺が、とにかくネタをやりまくるライブ。

そんな俺にとっては割と真剣なライブに、唯一の遊び枠として、金子《かねこ》きょんちぃと信子《のぶこ》のギャル二人コンビ「エンぷレス」を呼んだ。

例の下北沢のライブで仲良くなってからというもの、俺が芸人と住んでいるシェアハウスに二人がしょっちゅう遊びに来るようになっていた。そして世話好きだった俺は、あの二人のネタを作ってやったりもするようになっていて。そんな流れもあり、俺の相方探しライブに二人にも出てもらったのだが、もうこのギャル二人とは完全にただの遊び。チャラい三人でライブ盛り上げられたらいいかな〜くらいのノリ。

そこで俺とギャル二人が披露した漫才で、会場は……

シン、と静まり返った。

この相方を探すライブの中で、「エンぷレス」との漫才が、一番、もうダントツで、すべったのだ。まぁそりゃそうだよな。だってただの遊びだし。

でも、なぜだか一番反響があった。

俺は、二人と組む気なんて全くなかったし、もうピンでやろうと思っていたくらいだった。しかし、周りからは「組め組め」とすすめられて。そこまで言われるなら……と俺はテレビのオーディション用に、きょんちぃと信子と三人で、お試しユニットを組むことにした。

そんなギャル二人とユニットを組む少し前。ギャル二人と親父とで、たまたま飲む機会があった。

その日も、ギャル二人はたまたまうちに遊びに来ていて、その時親父から連絡が来た。

「おまえ、今から車出せねぇか？」

親父は葛飾に住んでいて、そこまで迎えに来いと。一緒に飯食おうと言うのだ。

その時、きょんちぃが偶然にも実家から車で来ていて、俺は二人に、親父がこう言ってるんだけど一緒に来る？　と言うと、二人は、

「会ってみてぇ」

といつもの調子で。というわけで、三人で親父に会いに行くことになった。

車で親父を迎えに行くと、親父は「駅前まで行ってくれ」と。言われるがまま駅前まで行くと、そこには30代半ばくらいの女性が待っていた。……いや誰よ。

「あの子、この前三軒茶屋でナンパした子でよ、今日、あの子とごはん行く予定

なんだよ」

親父は、その女の人を車に乗せ、今度はそこから20分ほど行ったところにあるスナックで親父とその女の人を降ろせと言うのだ。そこで気がついた。要は、この三軒茶屋の女とスナックに飲みに行きたいからと、俺たちは〝足〟に使われていたのだ。

いや、息子と息子の後輩を足に使うなや……！　と思いつつも、ここまで来て向かわないわけにもいかず、俺は二人にひっそりと謝りつつもスナックへ向かう。スナックに着くと、さすがに「足に使うだけでは」と思ったのか、親父は、

「おまえらも一緒に来い。飯食うぞ」

と誘ってくる。

車を適当な駐車場にとめ、俺と親父、ギャル二人、そして知らん三茶の女、というもはや謎すぎる組み合わせ五人組で、スナックに向かった。

謎の五人でスナックにて飯を食い、きょんちぃ以外は酒を飲み、そしてカラオケを歌う。いやなによこの時間。

親父はモテるために仕入れたであろうＤＩＳＨ//の『猫』なんかを歌ったりして。でもそれが、ま〜下手で。それでも親父はなんだか超上機嫌で。俺はそんな親父を見て笑ったりもして。

で、２時間くらい経った頃だろうか、そろそろ帰るか、とお開きなムードになりお会計をすることに。

きょんちぃは車を運転するので飲んでいなかったし、信子もそもそも腹も減ってなくて面白半分で来ていただけなので大して食べても飲んでもいない。そんなギャル二人に親父は、

「じゃあ、そこの女二人。かわいい方は２０００円。ブスの方３０００円な」

ヤバ！　マジかこいつ！

親父は、スナックにいる最中、信子のことをずっと「おまえはブスだな〜」と言って、きょんちぃには「おまえはかわいいな」と言っていた。もうその発言だけでも相当ヤバかったのに。

親父はきょんちぃのことがタイプだったのだろう。ずいぶん前に生きていた頃

の母さんの写真を見たことがあるのだが、どことな〜く、顔の1パーツくらい、似ている気もする。

いやてか、金取んなや。勘弁してくれよ、恥ずかしすぎるだろ。

「直人はいい。俺が払うよ、息子だから」

待て待て待て、後輩のギャル二人からだけ金徴収しようとするのやめろ！　俺はもう恥ずかしすぎて、

「いいいい。もう俺が払う」

と、結局全額俺が払わされる羽目になった。

そんな破天荒すぎる親父を前に、あの強キャラで通っているきょんちぃ・信子のギャル二人は、ただただびっくりしていた。

もう「え〜……」という感じだった。あの二人が、だ。

親父は、あの二人をも絶句させたのだ。

もはや、自由に生きているレベルが違う。その時は恥ずかし過ぎて顔から火どころか、マグマが噴《ふ》き出た。

で、結局その後、親父の家に送らされ、知らん三茶の女の家にまで送らされ、親父からは駐車場代もガソリン代ももらえず、全てを俺が払って……。俺が住んでいるシェアハウスに帰るまで、きょんちぃも信子も無言。

シェアハウスに着いた頃、ようやく口を開いた二人は、

「ヤバくない？　あんたの親父……」

二人のこんな冷静な声、初めて聞いたわ。

「うん。まあな。なんか、ごめん」

でもその後、信子が、

「ま、オモロかったけど」

と噴き出して笑う。

きょんちぃも「それな」とゲラゲラ笑う。

これなんだよな〜。親父はいつもそうだ。あんなに破天荒で豪快で自由気ままなくせに、結局いつもこんな感じで許される。「面白かったから」「楽しかったから」、そんな理由で周りを巻き込んでいく。

親父は、昔からずっと変わらず、変な魅力というか、人を惹きつける魔力を持った男だった。

よくは知らんけど、もはや金のない勝新太郎《かつしんたろう》みたいな男だ、うちの親父は。いや勝新太郎さんのことよく知らんけど。金のない勝新、それが、うちの親父だ。

そのあと、数カ月くらい金のない勝新太郎と連絡が取れなくなった。あの親父楽屋襲撃事件以来、こんなに連絡が途絶えたことなんて一度もなかったのに……。またどっかの国で革命を起こすとか意味わかんないこと言ってなきゃいいけど、と思いつつ、俺はそこまで気にも留めていなかった。

気にも留めなかったのは、俺が少しだけ忙しくなったということもあった。あの相方を探すライブ以降、お試しでギャルと組んで数カ月。ようやくチャンスが巡ってきたのだ。

このチャンスが巡ってくるまでには、ほんと色々あった。

なんせ、あいつらの素行《そこう》の悪さは、長い長い日本の芸能界の歴史の中でも随一《ずいいち》だろうから。

18 ― ハイブランドポーズの誕生

あいつらの素行の悪さを象徴《しょうちょう》する、忘れられないエピソードがある。

俺には、石原とのコンビの時から、ずっとお世話になっていたライブがあった。

それは芸人のヤマザキモータースさんが月に一度、主催《しゅさい》しているライブで、デビューの時からずっと出演させてもらっていたライブだ。

ギャル二人とユニットを組んでからも、出演させてもらえることになり、俺たちはライブ会場へと向かった。

ライブの前には出演者全員が集まり、点呼を行い、山崎さんからの挨拶《あいさつ》がある。

山崎さんは出演者にハッパをかけるように言う。

「とにかく前に出ろ。デカい声出せ。ウケようがすべろうが、前のめりで常にやったら……ちょ、おい、おまえら。おまえらや。何してんねん」

山崎さんは突然、挨拶を止め、ある芸人を指さした。俺たちだ。

いや、俺の横にいるギャル二人だ。

ギャル二人は、山崎さんの挨拶の最中、大して話も聞かず、あろうことか化粧《けしょう》をしていたのだ。山崎さんが、

「人が話してんのに化粧してたらあかんやろ」

とギャルに注意する。するとギャル二人は、

「……**チッ**」

え？　今、舌打ちした？

「**ウゼェ。なんだあのキメェジジイ**」

ヤバ！　まじかこいつら！

その後、ギャル二人は注意を全く聞かず、化粧をし続けるという地獄の悪態をつき続けた。さすがに俺はキレた。

俺の世話になっている先輩に、ああいう態度をとるなら、俺はもうおまえたちとはユニットを組まない。チャラいのはあくまでキャラで、こんな常識のない奴らとなんてもう完全にやる気がなくなった。

俺が二人にそう伝えると、実はなんだかんだ素直ということもあり、

「ごめん……」

と謝ってくる。

その時はそれでひとまず許したものの、そもそもあいつら二人は、先輩に挨拶もしたことがなければ、楽屋挨拶の自己紹介すらもまともにしない。態度も常に最悪。テレビに出る用のユニットとして、とりあえずお試しと思って三人でやってみたが、当然のことながらオーディションも受からない。

次第に、俺のことを好きでいてくれていた後輩や芸人仲間からは「やめた方がいい」という意見も出てきた。「菅野さんはべつにあんな奴らとじゃなくてもいいでしょう」と。

正直、まぁそろそろか、と思っていた頃だった。『ネタパレ』という番組のオー

ディションで1分半のネタ動画を送る機会を得たのだ。その時、**急に、あのポーズのネタが、ふと湧いた。**

オーディション動画を送る前、三人のネタの「何がダメなのか」をずーーっと考えていた。もうこれでダメなら諦めようと思い、それでも悔しくて、ずっとネタのことばかり考えていた。

そもそもギャル二人は、漫才中の会話の掛け合いが絶望的に下手だ。下手なことをわざわざする必要はない。じゃあ会話をしない形式にすればいいのか？　と考え、お客に話しかける形式を取ることにした。

じゃあ、その時の俺のツッコミはどうする？　今までは二人との対比を考えて、ローテンションで「～～だろ？」とツッコんでいた。おそらくそれではダメだ。じゃあどうするべきか……。

俺は、俺たち三人のネタの中で、唯一しっかりウケていたくだりを解析《かいせき》することにした。

デートの設定の漫才で、二人に、

「俺が彼氏役やるから、どっちか彼女役やって」

とお願いする。と、ギャル二人が俺の彼女役をお互い延々押し付け合う。それに俺が、

「いやうんこ押し付けタイムじゃないんだぜ」

と言うくだり。俺は、そのくだりを今までネタの後半にだけ入れていた。が、
そこでハライチさんの「何とかのや〜っ」と言うネタのことを思い出した。

ハライチさんはそのネタを最初、後半にだけ入れていた。が、M-1決勝に行った時、もうその部分だけにしたという話。俺たちもその部分だけにしてみてはどうだろうか。全てを「だぜ」で返すのはどうか。

いや、でも「だぜ」で返すだけでは、たぶん何か足りない。

まだ何か足した方がいい。でも……なぜ足りないと思うんだろうか。

……そうか。「だぜ」だけでは、流れるからか。

流さないためには……何かポーズがあった方がいい。

「だぜ」の後に三人揃いのポーズをする。

するると、パチッとハマって、ショートコントの連続のような感じにならないだろうか。

その瞬間、何かイケる匂いのようなものがした。問題はどんなポーズにするかだ。キャッチーな真似《まね》したくなるようなものがいい。

でもただ意味不明なポーズではおそらくそうならない。俺らしいポーズがいい。俺らしい、チャラめの、でも誰でも知ってるような感じの、でもなんか新しい感じの……。

ハイブランドだ。

ハイブランドのポーズをしよう。俺は若干の興奮を覚えつつも信子に、

「なんかない？」

と、もう100個くらいポーズをしてもらった。

そして、ある時急に「それだ！」というものが出た。

俺は信子に、

「それ！　それもっかいやって！」

信子がわけのわからないままポーズを作る。俺が、

「それ何？」

「え？　イヴ・サンローラン」

「……どこが？」

「えぇ～わかんない？　ここがなんかYで～ここがS」

「いやSないじゃん。どこよS」

「まぁ……それはなんとなくで」


こうして、本当にフッと湧いたように、まるで何かに導かれるみたいにして、あのネタが出来上がっていった。

そのネタの手応えは、正直十分だった。今までで一番手応えがあった。

でも、まだ売れるためにはこのネタだけではダメな気がしていた。このポーズのいいところはフリートーク中でも、短い時間でもいつでもやれるところだ。

ギャル二人は器用な方ではない。そうなったらもうフリートークの部分もノリで返すのではなく、いっそ台本にした方がいい。そう思い俺は、

「例えばＭＣからこの質問が来たら、こう返そう。この質問が来たら――」

と思いつく限り、あらゆるパターンを書き出した。

ただ、その台本で〝嘘〟を書いてしまっては、また二人の硬さが出てしまう可能性があった。

だから俺は、過去にギャル二人がプライベートで言っていた面白いことをキャラに合わせて全て文字化していくことにした。

「こうきたら、この会話で返してくれ。で、それに俺が「だぜ」でツッコんで、そしたら三人でポーズだ」

それを三人で、もうひたすらに、徹底的に練習した。もちろんネタの部分も、もう何百回と練習して、アドリブのトークもずっと練習して練習して。俺たちは、人生で初めて、本気で努力した。そしたら……

北海道のネタ番組で、その努力がバチッとハマり、優勝することができた。

その時の喜びは、今まで生きてきた中で正直一番で。ラッキーでウケたのとはわけが違った。

すると、その後、番組内のスタッフさんから誘われ、もう一番組出演が決まる。そんな経験ももちろん初めてで。結果が出ると、また次が決まるんだ、と確かな手応えを感じずにはいられなかった。


2021年4月。俺たちはユニットから正式にトリオ「**ぱーてぃーちゃん**」を結成。俺は芸名を本名の菅野直人から、〝**すがちゃん最高No.1**〟に変更した。

そんな頃、数カ月ぶりに、また親父から連絡が来るようになる。

「おい直人、二人用意したから2対2でコンパ行こうぜ！」

と意気揚々と誘われ、久々に親父とコンパをした。

親父はそこで、

「俺が好きな女の子と二人きりになれるように、うまいことアシストしてくれ」

と言うので、なんとかそうなるように立ち回った。でも、そんなコンパの最中も、正直頭にあるのは、ぱーてぃーちゃんのネタのこと。

俺は努力で結果が出たこともあり、「ここから売れるためには何かを捨てないといけない」と、少年ジャンプ感のある心境に至っていた。捨てるなら〝遊び〟だ。

俺は大きな成果が出るまで、自分の中でこれ以降の〝遊び〟を禁止することにし、以降の親父からの誘いを全て断るようになった。

おそらくこの瞬間、菅野家男系の呪いが発動していたのだが、これは珍しく呪いがいい方向に転がったと思う。その努力もあってか徐々にではあるが、テレビに出られるようにもなっていった。

そこから少しして、また親父から、

「ちょっと今狙ってる女がいるから一緒に店に来てくれ」

と誘いを受けた。最近ずっと断ってばかりだったし、親父と顔を合わせるのはべつに遊びというわけではないか。たとえ親父の狙ってる女がいたとしても。

久々に俺は親父の飲みの誘いを受けることにした。

親父に呼ばれた店に入ると、親父と女性が酒を飲んでいた。しばらくして親父が「ちょっとタバコ吸ってくるわ〜」と席を外し、外にある喫煙所へ向かった。

俺は、親父の連れてきた女の人と二人きりになる。

いや、親父の女と何話せばいいいんだか……。と思っていると、女の人の方から話しかけてきてくれた。


「実は……あなたのお父さん、癌なの。すぐにでも病院に行った方がいい」

19 — 癌が治る水

親父は癌だから、すぐにでも病院に行った方がいい。

親父が連れてきた女の人が、俺を真っ直ぐ見て、はっきりそう言った。女の人は、自分からも親父に病院に行った方がいいとずっと言っているのだが、聞く耳を持ってくれない、と。

「前に入院してた時は好きに酒も飲めなかったし、タバコも吸えなかったから、またあんな窮屈《きゅうくつ》な思いはしたくないって言うの」

女性がそう言った時、俺は、

「いや、ちょ、ちょっと待ってください」

「混乱する気持ちもわかるわ」

「いやそうじゃなくて、え？　親父、入院してた経験があるんですか？」

「え……。知らなかったの……？」

どうやら親父は半年ほど前に、一度入院していたらしい。

親父のことだ。俺に言わなかったのは、俺にカッコ悪い姿を見られたくなかったとか、たぶんそんなくだらない理由だ。ほんと厄介だな、うちの呪いは。

そして、その女の人曰く、入院は悪性《あくせい》リンパ腫《しゅ》という血液の癌で、睾丸《こうがん》、いわゆるキンタマを手術で取り除いているらしい。

ダメだ。新情報が強烈すぎて、もはや全然頭に入ってこない。

いや、待て。ということは時系列的に考えて、あの、「俺が好きな女の子と二人きりになれるように、うまいことアシストしてくれ」と言われ、立ち回った親父との最後のコンパ。あのコンパの時はすでに入院後で、タマとった後ってことだよな。

てことは、あの親父、タマなしでコンパしてたってことだよな⁉　タマなしで好きな女の子と二人きりになろうとしてたってことだよな⁉

ヤーバッ！　いやいやいや！　今気にするところはそんなことじゃない。やっぱり混乱してるな俺。

そんな俺に女の人は、

「少し前に入院してた時、治療の途中で、何かよくわからないマルチ商法の水を飲み始めて。それが原因ではないと思うんだけど、その後、少しお父さんの身体が良くなったの」

水……。あ、あれだ！　1年くらい前に親父が手を出していた免疫力が高まるだかなんとかの、あの水のことだ。

「その後、少し良くなったからって病院抜け出しちゃって。でも、癌が他のところにも転移しているから、本来だったら今も入院してなきゃいけない状態のはずで……」

何やってんだよ親父……！

「息子さんからも言ってくれない？　あんなアテにならない水飲まないで、今すぐ入院するようにって。息子さんからだったら、お父さんも話を聞いてくれると思うの」

……確かに、状況から考えれば今すぐにでも入院させるべきだ。でも、息子の俺が言ったところで間違いなく聞きゃしない。聞くわけがない、あの自由の暴力みたいな男が。息子に何かを言われたところで自分の生き方を変えるわけがない。親父はそんな男じゃない。

そして、俺はそんな自由気ままな親父の生き方が……好きでもあった。いや止めなきゃいけない、今すぐ入院させなきゃいけない。そんなことはわかっている。でも、どうしても、俺は親父の自由を奪う気にはなれなかった。

おそらく、俺に自由をくれたのは、今の生き方をくれたのは、親父だと、俺自身が思っているからだ。

山形から東京に出てこられたのも、芸人であることを打ち明けてようやく本当の自分で家族と接することができるようになれたのも、今ほんの少しだけど芸人として良い軌道に乗れてるのも、全て親父が俺を自由にしてくれたからだ。

小学生の時も中学生の時も、親父のせいで散々な目にはあった。それについては「親父コノヤロウ！」と思ってもいる。でも、それでも俺は、俺に自由をくれた親父のことが……。

しばらく俺が口をきけずにいると、親父がタバコから帰ってくる。

親父はいつも通り、明るい。

そんな親父に俺はその日、結局何も言うことができなかった。

それでも俺は親父のことが気になって、ぱーてぃーちゃんでの仕事やオーディションなどの合間を見て、あの水のことを調べ始めた。

俺は、まず水のことをかっちゃんに聞く。すると、

「ごはんを食べちゃうとね、癌にも栄養がいくらしいの。だから、ミネラル液だけ飲んでたらいいんだって。実際それで良くなったんだからすごいわよね！」

ダメだ。かっちゃんも完全に騙されてやがる……。

そもそもかっちゃんは、親父が手を出すわけのわからないビジネスに大抵一枚噛んでいる。

それは親父のビジネスの一番最初のターゲットが、かっちゃんだからだ。

かっちゃんは真面目なくせに割とすぐ騙される浅はかなところがある。そして、この「ミネラル液」という水に関してもそれは例外ではなかった。

かっちゃんは、一度親父の身体が良くなっていることから水の力を疑いもしていない。かっちゃんが言うには、その水を販売している会社は「この世から癌をなくしたい」なんてスローガンを掲げているらしい。……胡散臭すぎる。

いや、俺は病気のこととかもちろんよくわからないし、もしかしたら本当にその水はすごい水なのかもしれないけど……いやいやいや！　……ん～……。

少しして、親父が体調を崩した。どうやら癌が進行しているらしい。それでも親父は病院には行かず、かっちゃんの家で、例の水を飲みながら療養《りょうよう》しているらしい……。

かっちゃんにマサルおじさんはなんて言ってるのかと聞くと、マサルおじさんは、「親父さんがいいならそれでいいんじゃないか」と。

たぶん、何を言っても聞かない親父やかっちゃんに呆れて、おじさんは何か言うのを諦めてしまったのだろう……。

俺は、水を販売している会社の説明会に行くことにした。

かっちゃんと共に、説明会が開かれる会場に向かう。でも、そんなところに行くのは初めての経験で、俺は緊張していた。

いやいや、しっかりしろ俺。もう俺しか冷静な判断ができる人間は残っていないんだ。水が一体ナニモノなのか、見極めないと。

会場に入ってみると、そこにはすでに１００人近くの受講者が来ていた。おいおい……こんな大規模なのかよ。

てか、ここにいる人全員が水を買うわけではないにしても、それでもここにいる人たちは、本人かあるいは身内や近しい人、大切な人が癌とか、あるいは今猛威をふるってるコロナとかの病気で、それこそもう藁《わら》にもすがる思いで話を聞きにここに来ているのかもしれない。そう思うと、正直笑いに全く変えられないのが情けないくらい、きつい気持ちになった。

しばらくすると、壇上《だんじょう》に女性がやってきた。どうやらこの女性が講師のようだ。女性講師は俺たち受講者に向かって丁寧に頭を下げ、その後、明るく通る声で自己紹介を始めた。

その後、水について丁寧に、わかりやすい言葉を使って説明を始める。が、俺からしてみればどれだけ話を聞いても「なんなんだ、それは」という思いしか起こらない。だって聞けば聞くほど明らかに……。

女性講師はこう話す。

「このミネラル液はですね、皆さんの身体の新陳代謝《しんちんたいしゃ》を活発にして、人間の本来備わっている免疫力をものすご～く高めてくれるんですね！」
なんか通販番組観てるみてぇ……。
「そして、身体自体を元気にするためにも、お肉を食べましょう」
おいおいこの間聞いた話と違うぞ。この間は何も食うな、水だけ飲んどけって
かっちゃんが……。
と、横にいるかっちゃんをみると「お肉‼」とメモをとりながら、
「お肉ね。お肉食べさせなきゃ」
と小声で漏らす。あー、ダメだこの人。そういえば通販番組好きだったもんね、
あんた。
「人間はですね、お肉を食べて、そのお肉から栄養をもらうことで元気になるよ
うにできているんですね。ですから――」
その後もしばらく胡散臭い説明が続いた。どうせこの後お肉を買わせる流れに
持っていくんだろ。もう目に見えてる。俺は意を決して女性講師に向かって手を
あげた。「どうぞ～」と女性講師は俺の質問を受け付ける。

「これ飲んで、お肉食べてれば病院行かなくていいってことですか？」

ストレートに聞くと、女性講師はイエスと聞こえるような言い方で、でも決して明言はせず、遠回しにイエスでもノーでもない回答を長ったらしく説明してきた。俺は、グワグワと湧いてくる自分の中の怒りみたいなものを抑えて抑えて抑えて……、ひとまず一通り説明を聞く。その後もう一度、

「病院は行かなくてもいいんですよね？　べつに責任を取れとまでは言いません。行く行かないは自己責任ですから。でもここにいる人たちはみんな、この水にそれだけの効果があるって期待はしてると思います。この人たちのそういう気持ちを全部背負って、背負った上で、イエスって言うんですね？」

女性講師は笑顔のまま、少しだけ間をとる。

明らかに「めんどくせぇ奴来てんな」と思ってんじゃねーかコノヤロー。

そしてまた女性講師は笑顔で、さっきと同じようなことを違う言葉でペラペラと……。

もうダメだ。確定だ。俺はかっちゃんを連れて急いで会場を出て、その足で親

父のいる、かっちゃんの家に向かった。

かっちゃんの家に入るなり俺は親父に、

「もうダメだ。病院行こう」

と言うと、親父はそんな俺を笑い飛ばす。明るく。でも……いつもよりも……全然……

元気ねーじゃねーかよ。ダセーな……。馬鹿野郎が。

「俺はな、ギリまで酒もタバコも女もやりてーんだよバーカ」

……カッコつけてんじゃねーよ……。どこまで自由を貫く気だよ。

俺は、親父を無視してスマホで救急車を呼んだ。そんな俺を親父は、止めることすらできない。

んだよ！　いつもの親父なら俺に怒鳴り散らして、スマホ取り上げようとしてくるだろうが！　……んだよ……！　クソ！

そのあと救急車がやってきて、救急隊員の人が親父を見てくれる。親父はもう意識が朦朧《もうろう》としている感じだ。親父の様子を見た救急隊員さんが、病院かどこかに連絡を取る。

相当危ない状態で、腫瘍《しゅよう》が膨《ふく》れ上がっているだかなんだかで、少しの衝撃も危ないらしい。運んでいる途中の段差の衝撃で破裂《はれつ》する恐れもあるという。

いや、破裂て……。思わず薄ら笑う。だって、それは、病院に行く途中に、もう……死ぬかもしれないってことでしょ……？

救急隊員さんが親父を慎重に慎重にストレッチャーに乗せて、ゆっくりと、かっちゃんの家から運び出した。親父を救急車に乗せて、かっちゃんだけ救急車に同乗して、救急車が走り出した。

俺は、あんなにゆっくり走る救急車を生まれて初めて見た。

20 親父、死す

俺の本名「直人」は、親父が付けてくれたらしい。

小学生の頃に、ふと何の気なしに、親父に名前の由来を聞いたことがあった。

「真っ直ぐな人間になれ！」

ん〜……こんな破天荒な、全く真っ直ぐじゃない人に言われてもな。と、小学生ながらに思った。

「べつに正しい人間にならなくていい！ でもな、自分の筋を通して、真っ直ぐに生きろ。真っ直ぐな人間になれ！ 直人っていう、その名前にふさわしい生き方をしろ！」


親父を乗せた救急車を追いかけて、俺も病院へ向かった。病院までの道のりに段差ってあったっけ？ え？ 踏切あったよな？ あれヤバくないか？ とかずっと考えてもしょうがないことばっかり考えていたら、その間に病院に着いた。

どうやら親父も、何とか死なずに病院に着いたようだ。

俺は、自然と大きな息を漏らした。なんでいつもいつもギリギリの生き方してんだよ。KAT-TUN《カトゥーン》かよ。

とはいえ、まだまだ予断を許さない状況で、緊急手術となった。その手術もKAT-TUNは何とか乗り越えて、ひとまず入院することとなった。

後日、親父の容体が安定してきた頃、俺とかっちゃんは主治医の先生に呼ばれ、病状の説明を受けることになった。

簡単に要約すると、余命宣告をされ、長くても1カ月と言われた。先生からの説明を受けた後、かっちゃんは仕事でどうしても病院を出なければならないようで、俺は一人で親父の病室に向かう。

参った。

さすがにどんな顔して会えばいいかわからん。

どんな顔で会って、何をしゃべればいいのか……。俺は親父の病室の前で、2、

3分立ち尽くした。

いや。考えても仕方ない。いつも通り行こう。いつも通りしゃべろう。親父のことだ。どうせ軽口を叩いてくる。それにツッコめばいいいんだ。ツッコミはおまえの仕事だろうが、すがちゃん最高No.1！

うし！　と気合を入れ、俺は親父の病室に入った。

「おう！　来た来た！　あれ俺の息子～。どっちがカッコいい？」

俺に気づいた親父は、看護師の女性に俺を紹介する。

「俺の方がカッコいいだろ？　よし。ヨウコちゃん、今から飯行こ」

いや親父、マジか……。

「あんた、ここまできてまだ女の子ナンパしてんのかい！」

親父は俺のツッコミに、いつも通りガハガハ笑う。

ほんと……すごいなーこの人。ほんと、マジですげーわ！

「こいつ芸人やっててよ、芸名がすがちゃん最高No.1っつーんだよ。こいつのどこがナンバーワンなんだよな？」

「うるせーよ、いいだろべつに」

「菅野家のナンバーワンは俺じゃい！」

「狭いわ。争うところ狭いわ」

そこにいるのは、いつも通り豪快な親父。……てか俺が安心させてもらってどうするんだ。俺が親父を安心させてやらなきゃなのに。ほんとかなわんわ、あんたには。

それから俺は、ぱーてぃーちゃんでの仕事や、ネタ作りの合間をみて、できる限りお見舞いに行った。

まぁ、どうしても病気のせいで弱っていってるようにも見えたが、それでも俺が行くと毎回のように、

「酒持ってきたか？」

「なんで土産がタバコじゃねーんだよセンスねーな！」

とか言って。それに俺がツッコんで。いつも親父の面倒を見てくれてる看護師

のヨウコさんもそれに笑って。

　で、何回目かの見舞いの日。いつも通り親父はヨウコさんをナンパしていた。

　俺はそんな親父と、何でもない話を適当にしていると、急に親父が、

「直人。ちょっとおまえ……本気で酒買ってこいや」

「いや、飲めないだろ」

「いいから買ってこい！　乾杯するだけだ」

「……わかった」

　俺は病院を出て、コンビニで缶ビールを買って、また親父の病室に戻る。

　と、ヨウコさんはいなくなっていて、病室には親父一人だけになっていた。

「じゃあ、乾杯するか」

　と、俺は親父に缶ビールを渡す。

　が、親父は缶ビールのプルを開けられない。俺は自分のをプシュッと開けて、親父に渡す。

親父は、俺の渡したビールを持って、ふと笑顔になった。
で、親父が、俺の目を真っ直ぐ見て、言った。

「俺はよ、好き勝手、ほんと好き勝手生きてきたけどよ。自分がカッコいいと思ったことだけ信じてやってきた。だから……おまえも、カッコいい生き方をしろ。ナンバーワンっていう、その名前にふさわしい生き方をしろ！」

その翌日に、親父は息を引き取った。

親父の最期の瞬間は仕事があり、看取《みと》れなかった。
仕方ない。こういう仕事を選んだのは自分だ。
霊安室《れいあんしつ》で親父の顔を見ても、全然実感が湧かない。
え？　死んでんの？　って感じで。俺は、ただぼーっと、親父の顔を見ていた。
すると、看護師のヨウコさんが来て、泣きながら、

「お父さん、すごくカッコよかったですよ」

「……いや、ヨウコさん親父のナンパに引っかかってますやん」

「はは。そうかも」

「さすが親父」

「……お父さん、病気ですごく苦しくて、私にちょっと弱音とかも吐いていたんです」

「え？」

「死ぬのが怖いって言ってた時期もあって。でも……息子さんが来ると、そんなこと言ってたの嘘みたいに元気になって。元気な……ふりしてて。いつもの強い、気丈なお父さんしてて。カッコよかったです」


親父は、本当にカッコつけだ。

最後の最後にこんなドラマチックな死に方しちゃってからに。

あ〜あ。もう、こんなの、なるしかないじゃないすか。

俺も、親父みたいに、自分のカッコいいを信じた、あんたを超えた、すがちゃん最高№.１に。

親父が死んで、もう2年半がすぎた。

今の俺の姿を見たら、親父はどう思うだろうか。まぁ、まだまだだけど、ちょっとくらいはテレビにも出させてもらえるようになった。

亡くなって5カ月が経ったくらいで『ぐるナイ!おもしろ荘』の放送だったから、あと少し、あと少しだったのになー。あと少しで、まぁちょっとだけでも、カッコいい姿見せられたのになー。

もし、今生きてたら親父は、きっと……

「俺、ぱーてぃーちゃんの男の方の父親! 俺の方がカッコいいだろ?」

って俺のことをまたダシに使ってナンパしてたんだろうな!

ほんと俺の人生は奇妙な出来事の連続だ。なんだこの人生。でもその連続が奇跡的に積み重なって、俺は芸人になった。

中学生なんかで一人暮らしをしていなかったら、たぶん俺は芸人になってない。

ターニングポイントは……たぶん〝**あの日**〟だ。

あの日、もし違う選択をしていたら全然違う人生だっただろう。


そんなこんなの奇妙の連続で芸人になって、本当はもっと正統派で売れたかったけど、うまくいかなくて。気がついたら、俺を芸人の世界に誘い込んだ元相方・石原が一番嫌がっていたようなお笑いを、今俺自身が思いっきりやっていて。

そういえば、石原はたまたまテレビで初めてぱーてぃーちゃんとしての俺を見た時、膝から崩れ落ちたらしい。

でもきっと……俺はあのギャル二人とじゃなかったら、今の俺はない。二人には実は結構感謝してる。……口では絶対言わんけど。

長い長い日本の芸能の中でも随一だった二人の素行の悪さも、今ではほぼ改善された。たぶんあの二人は、この芸能界の歴史の中でトップクラスに成長した。

そうだ。最後にあのギャル二人から言われた感動的なエピソードでこの本を締めくくろう。……えーっと……

そんな話は、ないんだぜ。

終章――一人暮らしになる夜の奇跡

21 ―― 〝あの日〟の夏祭り、占師の予言

〝あの日〟のことはハッキリ覚えている。

小学5年生の夏。

街で一番デカい祭りの日で、友達の庄司と加藤と三人で、時間を忘れて遊び回っていた。

三人でいつもの集合場所に集まって、祭りのやってるデカい公園に向かった。

俺は、かっちゃんから小遣いに千円もらっていて、

「あんまり遅くならないように帰ってきなよ！」

と言われていた。その大事な大事な千円を果たして何に使うべきか……。どう楽しむべきか……。

ひとまず俺と庄司と加藤は、軍資金をどこに投入するかを考えるためにも、並

んでいる屋台を片っ端からグルリと見て回ることにした。

射的・スーパーボールすくい・ホットドッグ・たこ焼き・焼きそば……！

派手な提灯《ちょうちん》や看板で、全面に「楽しい！」「美味しい！」を打ち出してくる屋台！　ヤバい、全部魅力的すぎる！　選べん！　と思っていたところに、1軒だけ、他の派手な屋台とは対照的に、机とパイプ椅子だけが置かれ「占い」と書いてある、驚くほど地味な屋台があった。

そこには、ギリ爺さんか婆さんかわからない性別不明の占師が座っていて、いや、さすがにこの占いに軍資金投入はないわ、と思っていた。庄司も加藤も占いには気にも留めず、俺の前を歩いていく。俺は二人を追いかけようとした、その時……、

「ちょっとキミ」

性別不明の占師が俺に声をかけてきた。

「キミね。近いうちに人生の転機があるよ」

「……は？」

「遠くに行くような誘いがある」

「あの、占ってもらっても金払わないですよ？」

「その遠くにいく誘いは、行った方がいい」

占師は俺の話を無視して占いを続け、そう言った。

え～、気持ち悪い……。と思いつつも俺は、

「あ～、あざす～……」

とだけ答え、金を取られまいと慌てて走って庄司たちを追いかけた。

何とか逃げ、庄司たちに追いつくと、加藤に、

「なんか変な占師にからまれてたね」

と笑われる。と、庄司が「あの金魚、ヤバくね⁉」と声を上げた。金魚すくいの出店では、もう煽られているとしか思えないくらいの馬鹿デカい金魚がいて。

俺たち三人は、

「こんなん絶対取るしかねーだろ！」

と軍資金を金魚すくいに注ぎ込んだ。

結局、デカい金魚はすくえず、俺の千円はあっという間に消えていった。

金魚すくいの兄ちゃんが温情でくれた金魚を2匹ばかりぶら下げ帰路についたのは19時をゆうに過ぎた頃だった。いつもなら当然帰っている時間。庄司が、

「あ〜、怒られっかな〜」

と、言うから、俺もかっちゃんの激怒りする顔が目に浮かんで家に帰るのが嫌になった。すると加藤が俺に、

「直人が変な占師と話してるからこんな遅くなったんだろ〜」

と。俺は加藤に、

「いやそれ大した時間使ってねーから！」

とケラケラと笑いながらツッコミを入れる。

そんなしょうもないやりとりを三人でしながら帰り、いつもの場所で「じゃあな〜」と二人と別れた。

家に着き、俺が家のリビングへ向かうと、リビングはなぜか豆電球だけがついていて、そこに爺ちゃん、婆ちゃん、そしてうなだれたかっちゃんがいる。

かっちゃんは俺に、

「直人。私と一緒に、東京に行こう。もう、こんな家から出て行こう」

と言ってきた。

俺はかっちゃんから東京行きの話を聞いた時、〝つい先ほどの出来事〟を思い出した。


「キミね。近いうちに人生の転機があるよ」

「……は?」

「遠くに行くような誘いがある」

占師に言われたあの言葉! 遠くに行く誘いって、東京か!

……いや、早くない?

こういう占いってさ、普通、数カ月後数年後とかに思い出して、

「うわーあの時そういえば言われてた～」

って感じじゃないの？　ちょっと早すぎない……？

俺はかっちゃんに……

「いや、大丈夫す」

と答えた——


あの日、俺がもし、占いに従って東京に行っていたら……俺の人生はどうなっていただろうか。

きっと、今とは全く違う人生を歩んでいただろう。あの占いに従って、もしあの時東京に行ってたら……。

実は今でも折に触れ、思い出し、考えることがある。

たぶん、俺の人生は、あの瞬間に決まった。

あの占いは、外れていた。

かっちゃんには悪いが、あの時、東京に行かなくてよかった。

自由な親父や、お節介なかっちゃん、物静かに見えてカッコつけな爺ちゃんに、変人極まりない婆ちゃん。

そんな破天荒家族に振り回されて、名前とは裏腹に全然真っ直ぐな人生じゃなかった。けど、そんな家族に振り回されたから、今がある。

東京についていってたら、おそらく芸人にはなっていなかったし、俺の人生は180度違うものになっていただろう。この本を出版することも絶対になかったと思う。
もしもあの日、東京についていってたら、芸人にはならなくて、
……きっと、おそらく、平凡な……

イケメン俳優になっていただろうな。

松坂桃李《まつざかとおり》になってたわ、うん。きっと。

ま、松坂桃李も捨て難いけど、俺は、今の人生が嫌いじゃない。

今の人生を、これからも真っ直ぐ、生きていきましょうかね！

おわり。

でも俺の人生はつづく――

おわりに――ぶっちゃけた話

最後に、ぶっちゃけた話をします。

俺は、自分の生い立ちが本になるほど特別に変わっているとそこまで思っていないんです。だから、今だにこの出版が信じられない。

芸人になってからも、楽屋や飲み会でちょっとした小話として親父の破天荒話や生い立ちの話はしてきました。そしたら、周りが面白がってくれて、

「本にしちゃえばいいじゃん！」

と言ってもらえたり。その時は一瞬その気になるんです。けど、ふと冷静に考えると、

「いやいや、芸人なんて、めちゃくちゃな人生を送ってきた人なんて山ほどいるじゃん！」

と思うわけで。

なんてったって麒麟の田村さんの自叙伝『ホームレス中学生』がある。刺激的でユーモラスな完成されたエッセイ。それに比べたら、俺の半生なんて、ボディーソープで言ったら赤ちゃんを洗えるくらいの弱酸性な刺激。

「俺にはムリムリムリ」

そう思って受け流していた。

が、2023年の年明けに転機があった。


事務所の先輩のAマッソさんのラジオに出させてもらった時、ふと加納さんが、

「菅野ってあれやんな？　一番笑われへん家庭環境なんやろ？」

と話を振ってくれたのだ。

その時、ラジオで話したトークをキッカケに、今度はテレビ朝日の『激レアさんを連れてきた。』に出演させていただき、さらにはテレビ東京の『ゴッドタン』という番組で親父のエピソードをお話しさせていただく機会を得た。

すると、劇団ひとりさんが、

「本出しちゃえばいいじゃん！」

と言ってくださった。

「いやいや、またまた〜。お世辞でいってるだけでしょ！」

と、思っていたら、今度は『ホームレス中学生』を作ったワニブックスの編集の方から、なんと出版の依頼が来たのだ！

「マジか！！！」

俺は心の中で叫んだ。

しかも！　しかもだ!!

目の前に現れた編集さんは、〝かっちゃんに激似〟だったのだ！

……その時思った。

「あー、これは出版する縁なんだ。親父に呼ばれてんだな」と。

俺は、親父にもっとテレビに出てるとこを見せたかったし、親孝行できずにいたことをずっと後悔してきた。

だったらせめて本で、親父が最高で№1だってことを世の人に知ってもらおう。

そう思い、本気で執筆に取り組んだのだ。

しかも、売れっ子作家の岸田奈美さんに推薦文までいただけることになり、本にかかわってくださった方々を始め、もう本当にいろんな人に感謝しかない。

今こうやって読んでくれている皆さん一人ひとりにもディープキスをしたい気分です。

最後までお読みくださり、ありがとうございました。

菅野直人

アートディレクション　西垂水 敦・内田裕乃(krran)
撮影　YOSHIHITO KOBA
構成　保木本真也
スタイリスト&衣装制作　Die-co★
ヘアメイク　桑本勝彦
校閲　島月 拓
DTP　坂巻治子
マネジメント　渡邊亮太・松岡ちはる(ワタナベエンターテインメント)
編集　吉本光里(ワニブックス)

中《ちゅう》1、一人暮《ひとりぐ》らし、意外《いがい》とバレない

著者　すがちゃん最高No.1(ぱーてぃーちゃん)

2024年5月20日　初版発行
2024年8月20日　3版発行

発行者　髙橋明男
編集人　青柳有紀
発行所　株式会社ワニブックス
〒150-8482 東京都渋谷区恵比寿4-4-9 えびす大黒ビル
ワニブックスHP http://www.wani.co.jp/
(お問い合わせはメールで受け付けております。HPより「お問い合わせ」へお進みください)
※内容によりましてはお答えできない場合がございます。

印刷所　株式会社　美松堂
製本所　ナショナル製本

ISBN 978-4-8470-7435-6